Rosemarie Piontek

Mut zur Veränderung

Methoden und Möglichkeiten der Psychotherapie

Rosemarie Piontek — weiß aus ihrer langjährigen Praxis als niedergelassene Psychotherapeutin, welche Bedürfnisse ihre Klientinnen und Klienten haben. Sie arbeitet in einer Gemeinschaftspraxis in Bamberg und ist Mitbegründerin des Bamberger Instituts für Gender und Gesundheit (http://www.bigg-online.de).

Rosemarie Piontek

Mut zur Veränderung

Methoden und Möglichkeiten der Psychotherapie

BALANCE zur Sache

Rosemarie Piontek
Mut zur Veränderung
1. Auflage 2009
ISBN 978-3-86739-038-5 (Print)
ISBN 978-3-86739-716-2 (PDF)

Die Deutsche Bibliothek verzeichnet diese Publikation in der Deutschen Nationalbibliografie; detaillierte bibliografische Daten sind im Internet über http://dnb.d-nb.de abrufbar.

© BALANCE buch+medien verlag GmbH & Co. KG, Bonn 2009
Alle Rechte vorbehalten. Kein Teil des Werkes darf ohne Zustimmung des Verlags vervielfältigt oder verbreitet werden.
Fachredaktion: Uschi Grob, Bonn
Umschlagkonzeption durch p.o.l kommunikation design, Köln, unter Verwendung eines Fotos von photocase.de
Typografie und Satz: Iga Bielejec, Nierstein
Gesetzt in der Sabon in den Farbtönen HKS 40 und HKS 90
Druck und Bindung: CPI – Clausen & Bosse, Leck
Zum Schutz von Umwelt und Ressourcen wurde für dieses Buch FSC-zertifiziertes Papier verwendet:

Mix
Produktgruppe aus vorbildlich bewirtschafteten Wäldern und anderen kontrollierten Herkünften
www.fsc.org Zert.-Nr. GFA-COC-1223
© 1996 Forest Stewardship Council

Was kann dieses Buch? 9
Was dieses Buch nicht leisten will 11

Veränderung wagen 13
Frau A.: »Brauche ich wirklich eine Psychotherapie?« 13
Wann ist eine Psychotherapie sinnvoll? 18
Die Angst, psychisch krank zu sein 22
Häufigkeiten psychischer Störungen 24
Herr B.: »Das liegt bei uns in der Familie« 26
Entwicklung psychischer Störungen 29
Wie nützlich ist Psychotherapie? 31
Erwartungen an Psychotherapie 33
Motiv und Motivation 35
Frau D.: Die »geschickte« Klientin 36
Der Weg zum Ziel 39

Was ist Psychotherapie? 40
Das Besondere am therapeutischen Gespräch 41
Unterschiede zwischen Therapie und Beratung 43
Ziele in der Psychotherapie 44
Ausbildungswege in der Psychotherapie 45
Psychotherapie als Wissenschaft 49
Wirkfaktoren der Psychotherapie 50
Kassenfinanzierte Psychotherapien 53
Angebote auf dem freien Markt 54
Unseriöse Angebote 55

Rahmenbedingungen 57
Langzeittherapie oder Kurzzeittherapie? 58
Einzeltherapie oder Gruppentherapie? 59

Paar- und Familientherapie 62
Frau oder Mann? 63
Anfänger oder »alter Hase«? 67

Die wichtigsten Therapieschulen 70
Die kognitive Verhaltenstherapie 72
Psychoanalyse 82
Tiefenpsychologisch fundierte Psychotherapie 89
Humanistische Psychotherapie 93
Hypnotherapie 99
Systemische Therapie 102
Lösungsorientierte Kurzzeittherapie 104
EMDR 107
Übungsorientierte Verfahren 108

Zugangswege zur ambulanten Psychotherapie 112
Auswahl der Therapiemethode 112
Die Suche nach einem Therapieplatz 116
Schnelle Hilfe bei akuten Problemen 119
Ambulante Psychotherapie oder Klinikaufenthalt? 120
Psychotherapie und Psychopharmaka 123
Spannungsfeld Psychiatrie – Psychotherapie 124

Der Therapieablauf 126
Das Erstgespräch 126
Probatorische Sitzungen: die Entscheidung 128
Der Konsiliarbericht 132
Die Antragstellung und der Beginn der Therapie 132
Wozu eine Diagnose? 134
Umgang mit Diagnosen 138

Schuldgefühle und Selbstvorwürfe 140
Therapie als Lernprozess 142
Zweifel und Unsicherheiten 143
Persönliches 146
Therapeutenwechsel 148
Therapiedauer 149
Notfallsitzungen, wenn es nicht anders geht 151

Beispielhafte Therapieszenarien 153
Herr M.: eine Geschichte und mindestens ein Problem 153
Verhaltenstherapeutische Intervention 156
Systemische Intervention 161
Tiefenpsychologisch fundierte Intervention 168

Merkmale einer hilfreichen Therapie 174
Transparenz und Überprüfbarkeit 174
Menschenbild in der psychotherapeutischen Beziehung 175
Positive Grundhaltung 177
Zuwachs an Kompetenz 179

Kritische Punkte in der Therapie 182
»Verrat« an Angehörigen 182
Scham 183
Den »inneren Schweinehund« überwinden 184
Verliebtheit in der Therapie 185
Enttäuschungen und Konflikte 187

Was in einer Psychotherapie nicht passieren darf 190
Respektlosigkeit gegenüber den Klienten 190
Retter-Opfer-Falle 191

Mangel an hilfreichen Interventionen 192
Zu viele Interventionen 193
Überforderung in der Beziehung 194
Chaos in der Therapie 195
Grenzverletzungen 196
Unzulässige Arbeitsverhältnisse 197
Sexueller Missbrauch von Abhängigen 198

Veränderungen im Alltag verankern 201
Neues Erleben und Verhalten stabilisieren 201
Herr F.: »Ich habe gelernt, viel mehr von meinen Gefühlen wahrzunehmen« 202
Therapie als Wegbegleitung für eine begrenzte Zeit 205
Frau D.: »Ich weiß, was ich tun kann« 206
Bilanz und Abschluss der Therapie 210

Serviceteil 213
Was ist eine Anamnese? 213
Was sind Diagnosen? 213
Wer darf eine kassenfinanzierte Psychotherapie durchführen? 2
Was bezahlt die gesetzliche Krankenkasse? 215
Was bezahlen private Krankenversicherungen? 218
Wie werden psychotherapeutische Leistungen honoriert? 220
Was ist zu tun bei Ablehnung der Kostenübernahme? 221
Datenschutz und Schweigepflicht 221
Adressen 225
Literatur zum Weiterlesen 237

Was kann dieses Buch?

Wenn Sie dieses Buch zur Hand nehmen, dann geschieht das vermutlich aus einer persönlichen Betroffenheit heraus. Vielleicht leidet eine Person aus der Familie an einer psychischen Störung, oder einer Freundin geht es sehr schlecht. Vielleicht durchleben Sie gerade persönlich eine schwere Zeit und das Tapfer-Durchhalten klappt nicht mehr. Das Gefühl, Hilfe zu brauchen, wird immer drängender. Es könnte sein, dass der Rat anderer Menschen dazu geführt hat, Psychotherapie als eine professionelle Möglichkeit ins Auge zu fassen. Möglicherweise aber sind die unterschiedlichen Kommentare und Informationen aus der Umwelt eher verwirrend.

Die Lektüre soll helfen zu prüfen, ob eine Therapie sinnvoll ist, und falls ja, welche Schritte zur Aufnahme einer Therapie zu unternehmen sind. Eine Auswahl der gängigen Therapiemethoden wird vorgestellt und es werden beispielhafte Therapieszenarien entwickelt. Gleichzeitig erfolgt eine Auseinandersetzung mit den gesellschaftlichen Vorurteilen gegenüber psychischen Erkrankungen und der wachsenden Einbeziehung von Psychotherapie in das medizinische Versorgungssystem.

Psychotherapie ist eine Dienstleistung auf hohem menschlichen Niveau. Wer eine Dienstleistung anbietet, muss die Nutzer von der Qualität und dem Nutzen des Angebots überzeugen. Gerade während eines laufenden Therapieprozesses müssen bestimmte Qualitätsstandards erfüllt sein. Darauf haben Klienten ein Recht. Deshalb ist die Lektüre dieses Buches auch während des Therapieprozesses nützlich.

Therapie ist ein konstruktiver Prozess zwischen zwei Experten. Niemand kennt sich besser als die Klientinnen und Klienten. Sie sind also Experten für sich selbst, auch bei »psychischer Angeschlagenheit«. Therapeuten und Therapeutinnen verfügen über Veränderungswissen. Sie sind Experten für methodisches Vorgehen, um gemeinsam nützliche Veränderungen in einem partnerschaftlichen Zusammenwirken zu erzielen.

Diese Haltung drückt sich auch im Sprachgebrauch aus. Es ist meist von »Klienten« und weniger von »Patienten« die Rede. Bei dem Begriff »Patient« werden das Kranksein und die Hilfebedürftigkeit in den Vordergrund gestellt. Diese Begrifflichkeiten entsprechen der medizinischen Tradition und werden in der Regel in Arztpraxen und Krankenhäusern benutzt. Es wird damit aber auch eine hierarchisch gestaltete Beziehung zwischen einem Arzt und einer Patientin ausgedrückt. Der Patient wird dabei eine eher passive Rolle zugewiesen, während der Arzt als aktiver Experte wahrgenommen wird. Mit der Bezeichnung Klientin wird bewusst mit dieser Tradition gebrochen und die aktive Rolle und das Expertentum der Hilfe suchenden Person in der Beziehung betont.

Dieses Buch ist entstanden aus der Begegnung und jahrelangen psychotherapeutischen Zusammenarbeit mit Klientinnen und Klienten. Die meisten Abschnitte beginnen deshalb mit Aussagen von Klienten aus dem Praxisalltag und orientieren sich an ihren Bedürfnissen und Fragen. Es stellt sich deutlich auf die Seite der Hilfesuchenden, ermutigt zu einem prüfenden und selbstständig bewertenden Blick auf das Angebot und benennt problematische Punkte in psychotherapeutischen Beziehungen und Versorgungsstrukturen.

Trotz der eigenen ›psychischen Angeschlagenheit‹ während des ganzen Therapieprozesses selbstbewusst aufzutreten, ist nicht einfach, aber möglich. Das oft knappe Angebot an Therapieplätzen auf dem Psychotherapiemarkt scheint Therapiesuchende in die Rolle von Bittstellern zu drängen. Die Wartezeiten bei den meisten Therapeuten sind so lang, dass die Betroffenen in ihrem oft akuten Hilfebedürfnis nicht selten das Angebot nehmen, das sie gerade bekommen, auch wenn die Hilfe nicht passt und die »Chemie nicht stimmt«. Gerade in solchen Fällen ist es wichtig, dass die Klienten gut informiert sind, Ansprüche stellen können und nicht aus einer reinen »Opferrolle« heraus alles über sich ergehen lassen. Meistens lohnt es sich, auf den Wunschtherapieplatz zu warten, denn gut informierte Menschen haben eine größere Chance, das zu bekommen, was sie brauchen. Das gilt auch für Psychotherapie.

---- **Was dieses Buch nicht leisten will**

Dieses Buch bezieht sich ausschließlich auf ambulante Psychotherapie für Erwachsene. Die Psychotherapie im stationären Bereich, also in Psychiatrien, psychosomatischen Kliniken oder Kurkliniken wird nur am Rande gestreift.
Eine ambulante Psychotherapie macht spezielle Entscheidungsprozesse erforderlich und die Zugangswege sind anders als im stationären Bereich. Auch auf die Therapiemöglichkeiten im Rahmen von öffentlichen Beratungsstellen wird nicht eingegangen. Für die ambulante Therapie mit Kindern und Jugendlichen gelten zwar die gleichen Gesetze und ähnliche Finanzierungsregelungen, Ablauf, Methoden und Beziehungsgestaltung unterscheiden sich jedoch deutlich.
Das Buch geht von den bundesdeutschen Regelungen zur Finanzierung und Beantragung von Psychotherapie aus, es finden sich jedoch im Serviceteil Hinweise, wo sich österreichische und

schweizerische Bürger näher informieren und bei der Therapieplatzsuche Rat holen.

Wie jede nützliche Therapie liefert dieses Buch keine einfachen Rezepte oder vorgefertigten Handlungsanweisungen, sondern bietet Klärungshilfen an, um eine individuell passende Entscheidung zu treffen.

Veränderung wagen

Menschen, denen es schlecht geht, suchen oft erst nach langem Zögern therapeutische Hilfe. Das kann daran liegen, dass sie Angst vor Veränderung haben, nicht wissen, was auf sie zukommt oder sich diese Hilfe einfach nicht zugestehen. Um Motivation für eine persönliche Veränderung im Sinne von Heilung zu entwickeln, ist es unabdingbar, gut informiert zu sein und sich diese Hilfe auch zu »erlauben«. Es kann nützlich sein, ein Beispiel für einen möglichen Sitzungsablauf vor Augen zu haben, um vorhandene Hemmschwellen abzubauen.

Im Folgenden wird der erste Teil eines Erstgespräches beschrieben, wie es zum Beispiel im Rahmen einer Verhaltenstherapie stattfinden könnte. In diesem Gespräch fallen verschiedene Stichworte. Diese sind mit Verweisen auf die dazugehörigen, speziellen Kapitel im Buch versehen. Je nach Interesse ist dann eine weitere Vertiefung zum jeweiligen Stichwort möglich.

Frau A: »Brauche ich wirklich eine Psychotherapie?«

Frau A. wurde von ihrer Hausärztin zur Therapie überwiesen (vgl. das Kapitel »Zugangswege«). Nach längerer telefonischer Suche hat sie einen Termin für ein Erstgespräch (siehe dort) bekommen. Frau A. macht einen angespannten und ängstlichen Eindruck. Die ganze Situation scheint ihr nicht recht geheuer zu sein. Nach ein paar auflockernden Alltagsfragen beginnt die Therapeutin.

Therapeutin – Sie haben heute die erste von fünf probatorischen Sitzungen (siehe dort). Das sind Probesitzungen, die Ihnen helfen sollen, sich für oder gegen die Therapie zu entscheiden. Wir machen heute ein Erstgespräch (vgl. das entsprechende Kapitel), in dem wir einen ersten Eindruck voneinander gewinnen. Das Gespräch hat drei Teile. Erstens: Sie erzählen mir, warum Sie denken, dass Sie eine Psychotherapie brauchen. Zweitens: Ich erzähle Ihnen etwas über meine Ausbildung und meine Arbeitsweise. Und drittens erkläre ich Ihnen die nächsten formalen Schritte bis zur Aufnahme der Therapie. Womit möchten Sie denn beginnen?

Frau A. – Ja, ich bin hergekommen auf Empfehlung meiner Hausärztin. Ich weiß eigentlich nicht, ob ich eine Psychotherapie brauche (siehe das Kapitel »Wann ist Therapie sinnvoll?«). Ich hab ja keine Ahnung, was da auf mich zukommt.

Therapeutin – Dann ist es ja besonders wichtig, dass Sie den ersten Schritt schon gemacht haben und jetzt hier sitzen. Wenn Sie hier rausgehen, dann werden Sie bestimmt mehr darüber wissen. Was denken Sie denn, warum die Hausärztin Sie geschickt hat?

Frau A. – Seit einiger Zeit schlafe ich sehr schlecht. Besonders nachts bin ich unruhig, so hibbelig und innerlich aufgewühlt. Am Tag kann ich mich kaum zu meiner Arbeit aufraffen. Dabei hab ich nun wirklich genug zu tun, seit meine Mutter pflegebedürftig ist und bei uns im Haus lebt. Ich schaffe das alles nicht! Ich bin oft richtig verzweifelt. Die Ärztin meint, ich muss da mal mit jemandem drüber reden.

Therapeutin – Stimmt! Sie scheinen da ja ein ganz schönes Paket geschultert zu haben. Was ist denn noch alles drin?

Frau A. – Der Mann meiner Tochter ist vor einem halben Jahr einfach über Nacht abgehauen. Sie kommt nicht darüber hinweg und ich fühle mich so hilflos. Ich kann sagen, was ich will, es nützt alles nichts. Mein Mann ist kein großer Redner. Er frisst alles in sich rein und ich stehe allein da. Ich hab den halben Tag in einer Wäscherei gearbeitet. Das hab ich sehr gern gemacht, mit den Kolleginnen, da hatte jede was zu erzählen. Seit fast einem Jahr bin ich zu Hause, eben wegen meiner Mutter.

Therapeutin – Da hat sich ja ganz schön viel verändert in Ihrem Leben. War sonst noch was wichtig in letzter Zeit?

Frau A. – Nein, eigentlich nicht. Aber wenn ich das so aufzähle, das ist wirklich viel! Das reicht mir eigentlich!

Therapeutin – Haben Sie noch Zeit für sich? Was tun Sie denn für Ihre Erholung?

Frau A. – Ich hab keine Kraft für was anderes. Ich bin froh, wenn ich den Alltag schaffe! Ich war schon ewig nicht mehr beim Schwimmen. Ich brauche ja immer jemanden für die Mutter. Besuch kommt auch kaum noch. Ich bin einfach nicht in der Stimmung, wissen Sie.

Therapeutin – Wie ist das denn mit Ihrer Stimmung?

Frau A. – Die ist meistens schlecht! Ich fühle mich so abgeschlafft, launisch. Manchmal bin ich richtig ekelig zu meiner Mutter. Dann schäme ich mich und es tut mir leid. Ich laufe rum, denke nach und bin traurig. Da ist so ein bohrendes Gefühl in der Brust, so ein Schmerz. Entschuldigung, jetzt heule ich auch noch! So geht es mir dauernd. Ich weine unheimlich viel.

Therapeutin – Ja, das verstehe ich. Gibt es noch andere schlimme Gedanken oder Gefühle?

Frau A. – Ich frage mich dauernd, wie das weitergehen soll. Wenn ich das nicht mehr schaffe, dann muss meine Mutter ins Heim. Dann müssen wir das bezahlen. Ich mache mir solche Sorgen! Ich habe Angst. Ich wache mit Herzrasen auf, bin schweißgebadet und könnte schreien. Ich bin eine richtige Mimose geworden.

Therapeutin – War das schon mal in ihrem Leben so?

Frau A. – Nein! Früher, da konnte ich arbeiten wie ein Pferd (sie richtet sich auf)! Jetzt ist nichts mehr mit mir los. Ich traue mir nichts mehr zu. Dauernd bin ich so schwach, unsicher und weiß nicht, was ich will (sie sinkt zusammen). Ich erkenne mich selber nicht wieder.

Therapeutin – Diese starke Veränderung, die Sie bei sich wahrnehmen, ist ein deutliches Zeichen dafür, dass Sie Hilfe brauchen. So wie ich das sehe, gibt es gute Gründe für eine Psychotherapie (vgl. den Kasten auf S. 20). Ich habe viele Klientinnen mit ähnlichen Beschwerden, denen Therapie sehr gut geholfen hat. Übrigens, schön, dass Sie sich an »das Pferd von früher« so gut erinnern. Vielleicht kann Ihnen das ja wieder auf die Beine helfen und Sie finden eine ruhigere Gangart.

Frau A. – Ja, nicht mehr nur Galopp, das haut den stärksten Gaul um (gemeinsames Lachen)!

Therapeutin – Ich erzähle Ihnen jetzt mal etwas über mich und meine Arbeitsweise. Ich habe Psychologie studiert, mit einem Diplom abgeschlossen und danach eine verhaltenstherapeutische Weiterbildung absolviert. Ich bin jetzt seit 20 Jahren in dem Beruf tätig und arbeite noch mit anderen Kolleginnen und Kollegen in der Praxis zusammen.

Es gibt unterschiedliche Therapiemethoden. Ich mache kognitive Verhaltenstherapie (siehe dort). Das bedeutet, an den Problemen in der bestehenden Situation anzusetzen und im Hier und Jetzt zu arbeiten. Es werden Ziele gesucht, die Sie verfolgen möchten.

Frau A. – Ja, aber meine Mutter wird weiterhin pflegebedürftig sein. Meine Arbeit in der Wäscherei ist weg. Der Mann von meiner Tochter kommt auch nicht wieder. Da kann ich doch nichts daran ändern.

Therapeutin – Ja, an den Tatsachen können Sie vermutlich nichts ändern. Aber Sie können lernen, damit anders umzugehen: Belastungen anders bewältigen, sich mehr Erholung gönnen oder Hilfe holen, neue Perspektiven entwickeln. Das könnten beispielsweise Ziele sein (vgl. das Kapitel »Was ist Psychotherapie?«). Es wird auch nützlich sein, für Sie zu verstehen, wie es gekommen ist, dass Sie sich so schlecht fühlen. Wir werden das gemeinsam herausfinden. Sie werden lernen, wie Sie Ihr Erleben und Verhalten beeinflussen können. Wir werden einen Therapieplan entwickeln, wie Sie das – in möglichst kleinen Schritten – in Ihrem Alltag umsetzen können (siehe das Kapitel zur kognitiven Verhaltenstherapie).

Frau A. – Meinen Sie, ich darf das wirklich in Anspruch nehmen? Gibt es nicht welche, die das vielleicht dringender brauchen?

Therapeutin – Ja, manche sind schlimmer dran, andere weniger schlimm. Aber Sie sitzen jetzt hier und das ist gut so. Sie haben bisher ihr Möglichstes getan. Das war so viel, dass es über die Grenzen Ihrer Belastbarkeit gegangen ist. Sie brauchen Hilfe und die sollten Sie sich auch erlauben und gönnen!

Frau A. – Ja schon, aber meinen Sie, dass ich das schaffe mit dem Therapieplan und so? Das klingt nach noch mehr Arbeit.

Therapeutin – Sie können weitermachen wie bisher, doch das kostet Sie sehr viel Kraft. Wenn Sie etwas anderes machen, kostet Sie das auch Kraft, Sie haben aber die Chance, neue Lösungen zu finden, mit denen es Ihnen vielleicht besser geht. Sie müssen ja nicht alles auf einmal verändern, Sie entscheiden immer, was Sie sich zumuten können. Kleine Schritte bringen oft große Veränderungen!

Frau A. – Ja, wenn ich mich jetzt dafür entscheiden sollte, wie würde es weitergehen?

Nun erfolgt der dritte Teil der Sitzung, der sich auf den Ablauf einer Therapie, die Formalien und Organisatorisches wie Termine und Bezahlung bezieht (mehr dazu im Kapitel »Der Therapieablauf« und im Serviceteil).

Wann ist eine Psychotherapie sinnvoll?

Sichere Anhaltspunkte dafür, dass eine behandlungsbedürftige Störung vorliegt, machen sich am Alltag fest. Können die gewohnten täglichen Handlungen nur noch mühevoll oder gar nicht mehr vollzogen werden, wird die Not als groß und die Lage als unbeeinflussbar erlebt, ist eine Psychotherapie angezeigt. Oft treten zusätzlich unerklärbare körperliche Beschwerden wie Herzrasen auf, die keinen klaren medizinischen Befund ergeben. Es ist wichtig, diesen Zustand nicht zu ignorieren, sondern wie Frau A. ernst zu nehmen und sich Unterstützung zu suchen.

Wenn die Gespräche mit dem Partner oder der Freundin kaum noch eine Verbesserung der Befindlichkeit bewirken und die guten Ratschläge die Verzweiflung eher noch steigern, dann ist professionelle Hilfe nötig. Manchmal, beispielsweise bei Suchtverhalten, schleicht sich die Verschlechterung langsam ein, oft über Jahre, bis der Punkt der Unerträglichkeit erreicht ist oder in der Folge körperliche Erkrankungen auftreten, die nicht mehr ignoriert werden können. Häufig löst ein tragisches Ereignis wie Tod, Krankheit oder Trennung den Zusammenbruch aus.

Jeder Mensch erlebt im Laufe seines Lebens unterschiedliche Krisen. In der Regel gelingt es ihm, mit seinen individuellen Mitteln seine Probleme zu lösen und Krisen zu bewältigen. Oft ist dieser Prozess hart und leidvoll. Die Betroffenen zeigen über einen kürzeren Zeitraum Merkmale, die auch bei psychischen

Erkrankungen zu beobachten sind. Es kann also durchaus eine normale Reaktion sein, auf eine verzweifelte Situation mit Symptomen von Depression, Angst, Essanfällen, Schlafstörungen oder auch mit einer »Saufphase« zu reagieren. Auch wenn diese Bewältigungsversuche nicht optimal sind, solange sie einmalig und vorübergehend bleiben und schnell der Weg zurück in einen befriedigenden Alltag gefunden wird, muss es sich nicht um eine Krise handeln, die professionelle Hilfe erforderlich macht.

Meist bietet das soziale Umfeld, die Familie, Freunde, Kollegen und vielleicht eine Selbsthilfegruppe, Unterstützung. Ein gutes soziales Netz und jede Form von Selbsthilfe ist sinnvoll und wichtig. Es gibt viele Erfahrungsberichte von Betroffenen (siehe Serviceteil), die den Weg aus psychischen Krisen beschreiben, Selbsthilferatgeber aller Art sind auf dem Buchmarkt zu finden. Das kann ein guter Einstieg sein. Wenn das aber nicht ausreicht, ist es wichtig, so schnell wie möglich professionelle Hilfe in Anspruch zu nehmen. Zu langes Zögern kann die Störung verstärken und den Heilungsprozess verlängern, zumal es kaum freie Therapieplätze gibt und mit Wartezeiten zu rechnen ist.

Die Wartezeit auf einen Therapieplatz liegt zwischen vier Wochen und einem Jahr. Es ist deshalb sehr wichtig, sofort alles zu tun, um auf mehrere Wartelisten zu kommen. Dafür sind ein Anruf und meist ein Erstgespräch erforderlich. Der Platz auf der Warteliste ist der »Fuß in der Tür«. In manchen Therapiepraxen wird Krisenintervention bei akuten Notfällen angeboten. Einige Praxen geben den Klienten und Klientinnen auf der Warteliste monatliche Termine, um die lange Wartezeit zu überbrücken. Meist ist der Druck so groß, dass diese Sitzungen gern in Anspruch genommen werden.

Behandlungsbedürftigkeit liegt dann vor, wenn die gewohnten Methoden und das soziale Netz nicht mehr ausreichen, um ein Problem zu bewältigen und den Alltag aufrechtzuerhalten, oder wenn große Unzufriedenheit mit diesen Strategien vorliegt. Hilfe ist auch erforderlich, wenn Erlebensmuster auftreten, die vorher nicht da waren, die Angst machen und die Lebensgestaltung behindern.

Wenn die folgenden Fragen zur Hälfte mit »Ja« beantwortet werden können, dann lohnt es, sich über Psychotherapie zu informieren:
- So kenne ich mich nicht! Fühle ich mich anders als sonst?
- Beunruhigt mich diese Veränderung sehr?
- Gibt es eine Erklärung für die Veränderung?
- Reicht diese nicht aus, um die Dauer und Heftigkeit der Beschwerden zu begründen?
- Kann ich meine tägliche Arbeit nur noch mit Mühe verrichten?
- Mache ich mir immer Sorgen und habe ich viel Angst?
- Leide ich unter körperlichen Beschwerden?
- Ist mein Schlaf gestört, schlafe ich zu wenig oder zu viel?
- Fühle ich mich oft aggressiv, hasserfüllt, gereizt oder bin ich sehr intolerant?
- Bin ich oft krankgeschrieben?
- Habe ich Suizidgedanken?
- Habe ich kaum noch Menschen, mit denen ich über meine Probleme sprechen kann?
- Helfen Gespräche mit Freunden nicht mehr?
- Fällt die Veränderung auch anderen deutlich auf?
- Ist das schon länger als drei Monate so?
- Ist mir das alles egal?

Die Unsicherheit, ob eine Therapie erforderlich ist, plagt viele Betroffene und zögert die Suche nach professioneller Hilfe oft unnötig hinaus. Viele Vorurteile über psychische Erkrankungen machen es zusätzlich schwer, diesen Schritt zu tun. Doch je frühzeitiger im Verlauf einer Krise eine Therapie einsetzt, umso größer sind die Bewältigungschancen.

Auch sehr viele körperliche Erkrankungen haben eine psychische Komponente. Psychotherapie kann die ganzheitliche Perspektive wiederherstellen und dadurch den Heilungsprozess positiv beeinflussen.

BEISPIEL »Als mir klar war, dass ich mich nicht mehr selber an den Haaren aus dem Sumpf rausziehen kann, habe ich meinem Hausarzt von meinen Ängsten erzählt, dass ich mich kaum mehr raustraue, dass ich Mühe habe aufzustehen und andauernd heulen muss. Es war gut für mich, dass er sich Zeit genommen und mir zugehört hat. Er hat mir dann klar gemacht, dass eine Kur wahrscheinlich nicht reicht, dass er eine Depression vermutet und dass ich mir am besten eine Psychotherapeutin suche. Er hat mir auch gesagt, dass ich mit meinem Problem nicht alleine bin, dass Depression eine häufige, aber gut behandelbare Krankheit ist. Ich war froh, dass ich mich getraut habe, ihm von meinen Problemen zu erzählen.« —

Manche Patienten haben angesichts voller Wartezimmer Hemmungen, mit dem Hausarzt intensiver über ihre Befindlichkeit zu sprechen. Es bleibt bei der Beschreibung der körperlichen Symptome, die psychischen Leiden werden nicht ausdrücklich erwähnt. Auch wenn Zeitdruck und Hektik in der Arztpraxis wenig ermutigend wirken, letztlich liegt es in der Verantwortung der Patienten, auch über ihre psychischen Beschwerden zu sprechen. Sie sollten dies ungeniert tun und wissen, dass sie nicht verpflichtet sind, die erstbeste Antwort zu akzeptieren oder sich mit dem Verschreiben von Medikamenten zufrieden zu geben.

Die Angst, psychisch krank zu sein

Es ist ganz selbstverständlich, zum Arzt zu gehen, wenn Magenschmerzen auftreten oder eine Grippe im Anmarsch ist. Körperliche Erkrankungen – wenn sie nicht lebensbedrohlich sind – stellen eher ein beliebtes Gesprächsthema dar und fördern geradezu den sozialen Kontakt. Menschen geben sich gegenseitig Aufmerksamkeit und Mitgefühl. Bei behandlungsbedürftigen psychischen Erkrankungen ist das häufig ganz anders. Viele Menschen kommen mit großen Ängsten in eine psychotherapeutische Praxis. Nicht wenige haben den Wunsch nach strikter Geheimhaltung ihrer Therapiebedürftigkeit. Oft dürfen nicht einmal die Angehörigen etwas davon wissen. Psychotherapeuten unterliegen der Schweigepflicht und dürfen keine Auskunft darüber geben, ob jemand in der Praxis behandelt wird. Psychische Krankheit kann immer noch zu Stigmatisierung führen und einen Makel darstellen, so dass der Leidensdruck sehr hoch sein muss, bevor der Schritt in die psychiatrische oder therapeutische Praxis gewagt wird.

Die Spanne an »Verrücktheit« zwischen einer leichten Depression, die jeder von uns einmal hat, und einer schweren chronischen Psychose ist sehr weit. Bei den meisten Menschen treten psychische Erkrankungen nur ein- oder zweimal im Leben auf. Nur ein kleinerer Teil ist öfter oder dauerhaft davon betroffen. Doch egal welche psychische Erkrankung vorliegt, jeder Mensch kann damit seine eigene Normalität entwickeln. Ein Suchtkranker, der als Ziel die totale Abstinenz hat, kann einen Rückfall erleiden. Er muss lernen, mit dem Rückfall umzugehen und ihn in sein Leben einzubauen, genauso wie eine Diabetikerin oder jemand mit Bluthochdruck.

Anders als körperliche Krankheiten schaffen psychische Erkrankungen durch ihre Stigmatisierung, ihre negative gesellschaftliche Bewertung, für die Betroffenen ein Problem. Immer wieder höre ich von meinen Klienten die Frage: »Merkt man mir an, dass ich Tabletten nehmen muss?« Die Angst, auf der Straße als psychisch krank »erkannt« zu werden, macht oft zusätzlichen Stress und führt zu sozialem Rückzug. Das wiederum wirkt sich negativ auf den Gesundungsprozess aus.

Gleichzeitig ist es wichtig, vorsichtig mit dem Krankheitsbegriff umzugehen. Wenn jemand unter erheblichen Ängsten leidet und diese nach einer Therapie nicht mehr auftreten, dann bleibt er oder sie nicht für immer krank oder psychisch »angeknackst«. Psychische Probleme sind keine Charakterschwächen und können niemandem zum Vorwurf gemacht werden. Jeder Mensch hat seine »Verrücktheiten«. Manche Persönlichkeiten werden gerade deshalb berühmt, weil sie sich sehr ungewöhnlich und »unnormal« verhalten. Von Krankheit sollte nur die Rede sein, wenn der Lebensvollzug erheblich eingeschränkt ist und/oder ein hoher subjektiver Leidensdruck besteht. Es gibt sehr viele »verrückte« Menschen, die niemals im Gesundheitssystem auftauchen und trotzdem ein für sie akzeptables Leben führen.

Im Laufe des Therapieprozesses erfolgt eine Auseinandersetzung mit dem Stigmatisierungsproblem und der Blick der Klienten ändert sich häufig. Sie sprechen offener mit ihren Bekannten über ihre Therapiebedürftigkeit. Oft fällt dann die Fassade und die Freundinnen berichten auch von ihren Ängsten und depressiven Phasen. Spätestens dann wird deutlich, dass psychische Krankheiten gar nicht so selten sind.

Häufigkeiten psychischer Störungen

Über die ganze Lebensspanne betrachtet, findet sich bei fast jedem Menschen irgendwann einmal eine ernst zu nehmende psychische Störung. Aus dem Gesundheitsreport der Techniker Krankenkasse (TK Presseportal 2009) geht hervor, dass 2006 bei jeder fünften, bei der TK versicherten, erwerbstätigen Person beim Arztbesuch mindestens einmal die Diagnose »Psychische Störung« gestellt wurde. Zu den häufigsten Diagnosen zählen Depression, psychisch bedingte körperliche Erkrankungen und Reaktionen auf schwere Belastungen. Diese Daten werden tendenziell auch von umfassenderen bundesweiten epidemiologischen Untersuchungen gestützt (JACOBI, KLOSE, WITTCHEN 2004). Daraus geht auch hervor, dass Frauen stärker von psychischen Krankheiten betroffen sind als Männer. So leiden doppelt so viele Frauen unter Depressionen als Männer. Die häufigsten Erkrankungen bei Frauen sind Angststörungen, Depressionen und zunehmend auch Alkoholabhängigkeit. Alle Arten von Essstörungen werden fast ausschließlich bei Frauen diagnostiziert. Bei Männern hingegen steht Alkohol- und Drogenabhängigkeit an der Spitze. Depressionen und Ängste treten bei Männern zwar nur knapp halb so oft wie bei Frauen auf, sie stellen aber auch bei Männern die zweitgrößte Diagnosegruppe dar. Sogenannte »Antisoziale Persönlichkeitsstörungen« werden hauptsächlich bei Männern diagnostiziert. Interessant ist, dass bei Jugendlichen unter 15 Jahren das Verhältnis genau umgekehrt ist. Jungen zeigen weit häufiger behandlungsbedürftiges gestörtes Erleben und Verhalten als Mädchen. In der Pubertät und damit in der letztlich entscheidenden Phase der Anpassung an die gesellschaftlichen Rollenzuschreibungen für Männer und Frauen kippt dann die Verteilung. Geschlechtstypische Rollenmuster, die auch soziale und ökonomische Einflussfaktoren auf die Gesundheit beinhalten, scheinen für Frauen die Wahrscheinlichkeit, psychisch krank zu werden, zu erhöhen (SCHEMMEL 2002). Sie sind jedoch eher bereit, sich Hilfe zu holen. Männer sprechen psychische Probleme beim Arztbesuch seltener an. Allerdings zeigen Ärzte bei Frauen auch eine größere Bereitschaft, psychische Krankheiten zu diagnostizieren als bei Männern.

Männer und Frauen unterscheiden sich nicht nur in der Art und Häufigkeit psychischer Erkrankungen, sondern auch in ihrem Hilfesuchverhalten. Es ist davon auszugehen, dass nur etwa 10 Prozent der Personen, die professionelle Hilfe brauchen, auf die Suche nach einer ambulanten Psychotherapie gehen. Von diesen finden nur fünf bis sechs Prozent tatsächlich einen Therapieplatz und davon sind ungefähr zwei Drittel Frauen. Das männliche Rollenmuster »erlaubt« Hilfesuchen anscheinend seltener. Insgesamt haben Männer eine um etwa sieben Jahre geringere Lebenserwartung als Frauen. Auch die Suizidrate liegt bei Männern erheblich höher. Diese Daten lassen die Vermutung zu, dass diese Geschlechtsrollenmuster Männern zwar helfen, tapfer durchzuhalten und Krankheit nicht zu zeigen, glücklicher oder gesünder sind sie deshalb jedoch nicht.

Herr B.: »Das liegt bei uns in der Familie«

Menschen haben unterschiedliche Vorstellungen darüber, wie eine psychische Erkrankung entsteht. Je nachdem, welches Bild der Entwicklung sie haben, danach unterscheiden sich auch die Meinungen darüber, wie es funktioniert, die »Störung« zu bewältigen.

Herr B. zum Beispiel (39 Jahre, Kraftfahrer) hat die Vorstellung, dass alles an den Genen liegt. Bei ihm besteht eine Doppeldiagnose: Er hat eine soziale Phobie, das heißt Angst vor fremden Menschen. Dazu kommt schädlicher Gebrauch von Alkohol (immer abends, verstärkt am Wochenende), der an der Grenze zur Abhängigkeit liegt. Er hat eine Therapie aufgenommen, weil er seinen »normalen« Alkoholkonsum erreichen und seine Angst, besonders vor Frauen, überwinden will. Die Krankenkasse hat zunächst 25 Sitzungen genehmigt (vgl. das Kapitel zur Therapiedauer). Aus dem Konsiliarbericht (siehe dort) der Hausärztin geht hervor, dass immer wieder Entzündungen im Magen-Darm-Bereich auftreten. Die Therapeutin hat bereits eine Anamnese durchgeführt. Herr B. hat ihr dabei erzählt, dass sein Vater Alkoholiker war und an Bauchspeicheldrüsenkrebs gestorben ist. Der Großvater war Gastwirt und sei auch »am Suff gestorben«.

Herr B. – Wenn ich mir meine Sippe so anschaue, dann haben die Männer alle gesoffen. Meinem Onkel Werner haben sie den Führerschein weggenommen, weil er mit zwei Promille morgens zur Arbeit gefahren ist. Das liegt bei uns einfach in der Familie. Das muss angeboren sein, so mit den Genen.

Therapeutin – … und deshalb können Sie an ihrem Trinken auch nichts ändern?

Herr B. — Ich hab da so meine Zweifel, ehrlich gesagt.
Therapeutin — Wie erklären Sie es sich eigentlich, dass anscheinend nur die Männer in ihrer Familie davon betroffen sind?
Herr B. — Na, ein ordentlicher Junge hat doch mit 14 Jahren seinen ersten richtigen Rausch. Das gehört dazu. Und dann geht es halt so weiter. Jeden Abend Stammkneipe, immer die gleichen Visagen, Bierchen hier, Schnäpschen da. So machen Frauen das ja nun wirklich nicht. Die sind das nicht gewöhnt.
Therapeutin — Wenn ich Sie richtig verstehe, dann lernen Jungs und Männer diese Trinkgewohnheiten. Welche Rolle spielt denn dabei das Vorbild des Vaters?
Herr B. — Na, der war doch meistens hackevoll! Den hab ich nicht mal an Opas Beerdigung nüchtern gesehen. Der hatte doch mit und ohne Grund gesoffen. Er war ja sonst ein guter Kerl, aber er hat sein Leben nicht wirklich auf die Reihe gekriegt. Meine Mutter hat das alles gemanagt.
Therapeutin — Wenn Sie sagen, das liegt in der Familie, dann scheint da ja was dran zu sein. Sie haben als Junge schon bestimmte Trinkgewohnheiten gelernt. Bei den Männern in der Familie scheint das viele Trinken ja ganz normal zu sein. Und bei ihrem Vater konnten Sie sich auch nichts anderes abgucken.
Herr B. — Ja, aber ich hab nicht so viel getrunken, jedenfalls früher nicht.
Therapeutin — Ja, das stimmt. Wann genau hat es denn angefangen so richtig schlimm zu werden?
Herr B. — Vor drei Jahren, als meine erste und einzige Freundin mit mir Schluss gemacht hat. Na ja, es war nicht mehr so toll zwischen uns. Aber sie ist überall mit hingegangen und hat auch mal für mich gesprochen, wenn was zu erledigen war. Ich schaffe das nicht alleine.

Therapeutin – Ihre Freundin hat vieles für Sie erledigt, weil Sie Angst haben vor fremden Menschen. Ist das nach der Trennung schlimmer geworden?

Herr B. – Aber heftig! Ich komme von der Arbeit nach Hause, mach mir ein Bier auf und hocke mich vor die Glotze. Manchmal gehe ich in meine Stammkneipe. Aber da ist es auch nicht mehr wie es mal war. Immer mehr fremde Typen hängen da rum. Ich gehe nur noch hin, wo ich die Leute auch wirklich kenne. Dabei sollte ich doch wohl mal ein bisschen auf die Piste, weil ich ja wieder eine Frau kennen lernen will. Aber das kann ich vergessen. Davor habe ich am meisten Angst!

Therapeutin – Die Trennung von Ihrer Freundin war der Grund, dass sie angefangen haben so viel zu trinken. Aber die Angst vor fremden Menschen war vorher schon da, oder?

Herr B. – Die Angst ist nach der Lehre, als es mit den Mädchen so anfing, richtig losgegangen. Ich war einfach zu schüchtern, hab mich nicht rangetraut. Als ich schon über 30 Jahre war, da hat meine Freundin mich angebaggert. Und ich war froh, endlich eine Partnerin zu haben. Die hat dann alles gemanagt und ich hab alles mitgemacht.

Therapeutin – Jetzt lassen Sie uns mal alles zusammentragen: die für Jungen typischen Trinkgewohnheiten, das Vorbild des Vaters, die Männer-Tradition in der Familie, seit der Pubertät Angst vor Frauen und fremden Menschen. Die Freundin hat Ihnen lange Zeit geholfen, mit der Angst klar zu kommen. Nach der Trennung waren Sie allein mit Ihrer Angst. Da haben Sie das getan, was Sie in Ihrer Familie gelernt haben, Sie haben noch mehr getrunken.

Herr B. – Sie meinen, ich habe das alles irgendwie gelernt und es ist nicht angeboren?!

Therapeutin – Aus der Forschung ist bekannt, dass bei manchen Menschen eine körperliche Veranlagung besteht, die sie schneller als andere ein süchtiges Verhalten entwickeln lässt. Wir wissen nicht, ob Sie diese Anfälligkeit haben. Doch was auch mit Ihren Genen ist, es bleibt auf jeden Fall genug, was Sie im Laufe Ihres Lebens gelernt haben und ändern könnten. Die entscheidende Rolle spielt Ihre Lerngeschichte im Bezug auf Ihre Angst und dem Umgang mit Alkohol. Ein Teil Ihrer Einstellungen, Bewertungen, Gefühle, Erlebens- und Verhaltensmuster sind nicht nützlich. Es wäre gut, da etwas zu verändern. Sie wissen ja, Menschen lernen ihr Leben lang. Mit Hilfe der Therapie können Sie neue Verhaltensweisen lernen.

Herr B. – Na, dann muss ich mich aber ranhalten, so jung bin ich nun auch nicht mehr!

Entwicklung psychischer Störungen

Es leuchtet unmittelbar ein, dass eine Angststörung in Folge einer Dauerbelastung oder eines einschneidenden Lebensereignisses auftreten kann. Liegt ein solcher Auslöser nicht auf der Hand, taucht immer wieder die Frage auf, ob die psychische Störung auf einer ererbten »Geisteskrankheit« beruht. Es wird in weiten Teilen der medizinischen Wissenschaft davon ausgegangen, dass bei schweren psychischen Störungen, wie z. B. Persönlichkeitsstörungen oder manisch-depressiven Erkrankungen, biochemische Veränderungen im Hirnstoffwechsel feststellbar sind. Familiäre Häufungen von psychischen Störungen über Generationen hinweg sind ebenfalls beobachtbar, was eine wie auch immer geartete Weitergabe oder Vererbung der Störung nahe legt.

Die erhöhte Bereitschaft, auf Unvorhergesehenes schnell mit großer Angst zu reagieren, kann zum Beispiel genauso gut eine Art »Familientradition« sein, wie die Gewohnheit, Angst mit Alkohol zu bekämpfen. Auch die gesellschaftlich erwarteten, typischen Rollenmuster für Frauen und Männer erhöhen die Wahrscheinlichkeit für das Auftreten einer Störung. Wie bei Herrn B. spielt das Ideal der Trinkfestigkeit für »ordentliche« Jungen immer noch eine Rolle, während das Schlankheitsideal großen Einfluss auf die Entwicklung von Essstörungen, vor allem bei jungen Mädchen, hat. Gleichzeitig wird in beiden Fällen eine solche Störung nicht ohne Folgen für den Hirnstoffwechsel bleiben.

Unabhängig davon, was möglicherweise zuerst da war, erscheint es daher sinnvoll, bei psychischen Störungen von einem bio-psycho-sozialen Bedingungsgefüge auszugehen. Die persönlichen Lebensumstände, der Umgang mit Stress, die Problemlösestrategien und vieles mehr sind Faktoren, die durch eine Psychotherapie positiv verändert werden können. Diese Lernerfahrungen wirken überdies nachhaltiger, als es Medikamente tun können. Ihre positive Wirkung hört in der Regel auf, wenn das Medikament abgesetzt wird.

In der Psychotherapie wird bei der Erklärung von Entstehung, Aufrechterhaltung und Veränderung von Störungen auf eine möglichst umfassende Betrachtung Wert gelegt. Diese ganzheitliche Sichtweise vergrößert die Menge der Ansatzpunkte für mögliche Veränderungen. Je flexibler und kreativer Therapeuten und Klienten damit umgehen, umso besser für den Therapieprozess.

Wie nützlich ist Psychotherapie?

Es reicht nicht, wenn Psychotherapie nicht schadet, eine Psychotherapie muss hilfreich sein. Für die verschiedenen therapeutischen Verfahren bedeutet dies, dass sie ihre Wirkfaktoren nachweisen müssen. Psychotherapie muss gezielt einsetzbar, methodisch nachvollziehbar und in ihrer Wirkung überprüfbar sein. Inzwischen gilt es als wissenschaftlich gesichert, dass kompetent durchgeführte Psychotherapie nützlich ist. Es liegen zahlreiche Vergleichsstudien vor, in denen Betroffene mit oder ohne Medikamente und zusätzlich oder ausschließlich mit Psychotherapie behandelt wurden. Beispielsweise bei der Behandlung von Depressionen schneiden die Gruppen mit Psychotherapie langfristig besser ab (REIMER u. a. 2008).

Menschen, die eine Psychotherapie durchführen, verbessern in der Regel ihr Allgemeinbefinden. Lebensqualität und die Zufriedenheit steigen. Sie nehmen oft weniger häufig andere Anbieter im Gesundheitssystem wie Ärzte, Krankenhäuser, Apotheken in Anspruch. Dadurch ergeben sich zusätzliche Einsparungen im Gesundheitswesen. Bei den chronisch leeren Kassen ist das ein nicht zu verachtender Effekt.

Ein entscheidender Faktor für die Wirksamkeit von Psychotherapie ist die Qualität der therapeutischen Beziehung (siehe das Kapitel »Wirkfaktoren der Psychotherapie«). Es lohnt sich also, in die Wahl der Therapeutin und der Therapierichtung Zeit und Mühe zu investieren.

Für den Erfolg einer Therapie ist die Wahl der Methode nicht beliebig. Beispielsweise bei Angst- und Zwangserkrankungen hat sich gezeigt, dass kognitive Verhaltenstherapie eine der wirkungsvollsten Methoden darstellt. Gleichzeitig lassen sich bei bestimmten Störungen nicht automatisch bestimmte Therapieverfahren zuordnen oder auch ausschließen (vgl. das Kapitel »Auswahl der Therapiemethode«), es kommt immer auch auf den Menschen an, der Hilfe sucht. Die Hilfe muss individuell passen.

Es gibt übrigens keine psychische Störung, bei der Hilfesuchende nicht von einer Psychotherapie profitieren können oder sogar Schaden zu befürchten hätten. Zwar gibt es immer noch das anscheinend nur schwer zu überwindende Vorurteil, dass Psychotherapie für Menschen mit wie auch immer gearteten psychotischen Störungen nicht geeignet ist, diese Position ist jedoch völlig überholt und außerdem unwissenschaftlich. Wenn jemand z. B. erstmalig an einer Psychose erkrankt, plötzlich aus dem Leben gerissen wird und sich auf einer akut psychiatrischen Abteilung in einem Mehrbettzimmer wiederfindet, umgeben von ebenfalls schwer erkrankten Menschen, möglicherweise eingeschränkt in seinen motorischen und intellektuellen Fähigkeiten durch die Gabe hoch dosierter Medikamente, dieser Mensch wird diese Situation als einschneidendes Ereignis erleben. Abhängig von den Bedingungen und Angeboten der jeweiligen Klinik und den individuellen Bewältigungsstrategien kann dieses Ereignis als »Psychiatrisierungstrauma« wirken. Allein für die Bearbeitung dieser Erfahrung bedarf es psychotherapeutischer Unterstützung, egal ob stationär oder ambulant.

Auch die Zeit nach der Entlassung aus der Klinik bringt viele Probleme und Fragen mit sich – die Bewältigung des Alltags, die Veränderung des Selbsterlebens, die Gestaltung der Beziehung zu den Angehörigen und Kollegen, der Umgang mit Psychiatern, Medikamenten und den Nebenwirkungen, die Unsicherheit mit der Diagnose und die Angst vor Stigmatisierung, für deren Bewältigung eine begleitende Psychotherapie hilfreich ist. Schon vor dem Ausbruch der Psychose hat es im Leben der Betroffenen vermutlich krisenhafte Veränderungen und zu hohe Belastungen gegeben. Die sind nach dem Klinikaufenthalt nicht einfach weg. Die auslösenden Faktoren müssen gesucht und ein angemessener Umgang mit ihnen erarbeitet und geübt werden. Der Alltag muss vielleicht verändert und neu strukturiert werden. Die Weiterentwicklung von persönlichen Kompetenzen wie Stressbewältigung, Problem- und Konfliktlösung, Selbstbehauptung, soziale Kompetenzen, Wahrnehmungs- und Kommunikationsfähigkeiten sowie der Umgang mit Emotionen sind typische Wirkungsfelder von Psychotherapie.

Erwartungen an Psychotherapie

Gerade bei Themen, die für manche schwer mit anderen Menschen zu besprechen sind oder die eher tabuisiert werden, entstehen ein erheblicher Leidensdruck und damit oft auch eine hohe Erwartung an eine Psychotherapie. Wenn ein Problem tiefgreifend ist oder schon lange besteht, dann ist zu erwarten, dass die Therapie lange dauert und Geduld erfordert. Auch die Wahl der Therapiemethode (vgl. das Kapitel »Die wichtigsten Therapieschulen«) und des Therapieziels beeinflusst die Dauer der Behandlung.

Im günstigen Fall verläuft der Therapieanfang so, dass eine Entlastung von Symptomen relativ schnell erreicht wird, das sichert oder verbessert sowohl die Therapiemotivation als auch die Bereitschaft zur aktiven Mitarbeit. Wunder sind jedoch nicht zu erwarten. Therapeuten verfügen nicht über »Zauberkräfte«, die ohne Eigenaktivität der Klienten wirksam werden.

Sie sind auch keine Hellseher, die alles durchschauen. Therapeutinnen und Therapeuten sind Menschen wie andere, auch wenn diese Erkenntnis im scheinbaren Widerspruch zu den oft hochgesteckten Erwartungen steht. Danach sollen Therapeutinnen und Therapeuten etwas Besonderes haben, über den Dingen stehen und möglichst sofort Hilfe leisten. Bei so hohen Erwartungen ist die Frustration vorprogrammiert.

Unter Therapeuten gibt es unterschiedliche Persönlichkeiten. Wichtig ist die Passung zwischen Therapiebietenden und Therapiesuchenden. Es ist auf jeden Fall hilfreich, wenn die Therapeutin sympathisch ist und die »Chemie stimmt«. Einfache, schlichte menschliche Qualitäten spielen eine große Rolle bei hilfreichen Therapien.

Neben den persönlichen Merkmalen ist die fachliche Qualifikation (siehe das Kapitel »Ausbildungswege in der Psychotherapie«) entscheidend. Manche Therapeuten erscheinen auf den ersten Blick wenig sympathisch, genauso wie im Umgang mit anderen Menschen zeigen sich ihre Qualitäten erst bei genauerer Betrachtung. Deshalb sind probatorische Sitzungen (siehe dort) sinnvoll, um zu prüfen, ob das therapeutische Angebot passt. Es reicht nicht, wenn Therapie nicht schadet, Therapie muss hilfreich sein.

Gleichwohl kann es im Laufe des Therapieprozesses vorübergehend zu einer Verstärkung der Symptome kommen. Die Erwartung, eine Störung könne »schmerzlos« vorübergehen, ist nicht realistisch. Die Arbeit der Klienten besteht darin, diese Phasen mit Hilfe der Therapeuten konstruktiv für sich zu nutzen. Jede Krise ist auch eine Chance.

- Was ist für eine Therapie hilfreich?
  - Motivation zur Veränderung
  - Übernahme von Verantwortung für sich selbst
  - Bereitschaft zur Auseinandersetzung mit sich selbst
  - Zeit, Geduld und Vertrauen in die kleinen Schritte
- Was ist nicht zu erwarten?
  - Wunder und Zauberei
  - Die heilenden Kräfte des allwissenden »Psychogurus«
  - Dass alles von alleine geht

Motiv und Motivation

Es kommt immer wieder vor, dass Eltern der Überzeugung sind, dass ihre Söhne oder Töchter dringend eine Therapie brauchen. Ebenso »schicken« Frauen ihre Ehemänner und umgekehrt in eine psychotherapeutische Praxis. Immer wieder erkundigen sich Menschen, die von ihren Angehörigen geschickt werden, nach einer Therapie, obwohl sie selbst noch nicht daran gedacht haben:

BEISPIEL »Ich weiß, dass ich sehr viel putze. Ich fühle mich einfach furchtbar, wenn nicht alles 150-prozentig aufgeräumt und sauber ist. Es reicht mir aber nie. Ich kann einfach nicht aufhören. Meiner Familie geht das auf die Nerven. Ich mache alles für die Kinder und meinen Mann und die arbeiten immer gegen mich. Ich hab keine Kraft mehr. Mein Mann hat gesagt, ich muss eine Therapie machen, weil er das so nicht länger aushält.«

Wenn die Umwelt ein Problem mit dem Verhalten eines Menschen hat, heißt das nicht, dass die Betroffene ihr Verhalten problematisch findet. Für sie stellt womöglich eher die Forderung nach Veränderung ein Problem dar. Mit Unterstützung einer Therapeutin kann die Klientin herausfinden, ob eine krankhafte Veränderung des Verhaltens und Erlebens besteht und eine Therapie ratsam erscheint. Die Therapeutin führt jedenfalls keine »Auftragstherapie« der Angehörigen durch, sondern ist ausschließlich solidarisch mit ihrer Klientin.

Im Bereich der ambulanten Therapie kann letztendlich nur jeder für sich selber entscheiden, ob er oder sie eine Therapie machen möchte oder nicht. Eine gewisse Anfangsmotivation ist nötig, um einen Veränderungsprozess in Gang zu bringen. Wer von anderen geschickt wird und selber nicht motiviert ist, wird sich schwer tun. Das heißt nicht, dass kein hilfreiches Arbeitsbündnis in der Therapie zustande kommen kann. In diesen Fällen ist dann der Aufbau einer persönlichen Motivation zur Veränderung der erste Schritt.

Frau D.: Die »geschickte« Klientin

Frau D. ist 21 Jahre alt und Studentin. Sie leidet an einer Essstörung (Bulimia nervosa), die in den letzten zwei Jahren immer schlimmer geworden ist. Sie isst den ganzen Tag fast nichts, dafür aber regelmäßig am Abend weit mehr, als sie Hunger hat. Anschließend führt sie absichtlich Erbrechen herbei. Sie kommt auf massiven Druck der Eltern, die sich große Sorgen um ihre Tochter machen. Auch die beste Freundin der Klientin rät ihr dringend zu einer Psychotherapie. Die Mutter wollte die Tochter anmelden, doch die Therapeutin hat zur Bedingung gemacht, dass die Klientin selber den Kontakt aufnimmt. Nach mehreren Anläufen konnte sich Frau D. überwinden, anzurufen und einen Termin auszumachen. Zu den probatorischen Sitzungen ist die Klientin zuverlässig erschienen, in der fünften Sitzung steht die Entscheidung für oder gegen eine Therapie an, weil spätestens dann der Therapieantrag bei der Krankenkasse gestellt werden muss, wenn die Therapie von der Krankenkasse finanziert werden soll (siehe Serviceteil). Am Ende der letzten Sitzung hatte Frau D. die Empfehlung bekommen, mit einer Für- und-Wider-Liste die Entscheidung vorzubereiten.

Therapeutin – Wie ist es Ihnen ergangen mit der Für-und-Wider-Liste, hat Ihnen das was genutzt?

Frau D. – Ja schon, ich denke ich werde die Therapie machen!

Therapeutin – Schön, Sie klingen sehr entschlossen! Was genau hat Sie bewogen?

Frau D. – Die Punkte auf meiner Liste waren zwar nicht immer eindeutig, weil manche Gründe zwei Seiten haben. Aber ich habe auch gemerkt, das, was mich bisher von einer Therapie abgehalten hat, war noch ein ganz anderes Problem. Es hat mich total genervt, dass alle um mich rum auf mich eingeredet haben. Ich fühlte mich richtig erpresst. Ich wollte keine Therapie, weil die anderen unbedingt wollten, dass ich eine mache!

Therapeutin – Was hat Ihnen geholfen, dieses Hindernis abzubauen?

Frau D. – Ich habe schon beim ersten Telefonat und dann auch in den Sitzungen gemerkt, dass es hier um mich geht und dass mich nicht noch jemand unter Druck setzen will. Ich darf und kann tatsächlich jeden einzelnen Schritt selber entscheiden. Das hier ist mein Ding und nicht das von meiner Mutter oder sonst jemand.

Therapeutin – Ja, es ist Ihr Ding. Das ist ein wichtiger Schritt, dass sie es zu Ihrem »Ding« gemacht haben.

Frau D. – Ja, nicht nur meine Eltern haben mit mir ein Problem!

Mir war schon die ganze Zeit klar, dass diese Kotzerei daneben ist. Das Problem stand wie ein riesiger Berg vor mir. Ich hatte keine Ahnung, wie ich den wegkriegen soll. Ich hab lieber nicht hingeschaut und weitergegessen. Ich kann jetzt sehen, dass ich echt ein Problem hab und dass ich nicht allein damit bin.

Therapeutin – Ja, und was genau ist noch anders?

Frau D. – Ich weiß mehr über Bulimie und wie Therapie funktioniert. Ich hab jetzt eine Vorstellung davon, was ich machen kann. Ich hab immer noch Angst, dass ich jetzt fett werde und dass mir alles über den Kopf wächst und so. Und ich weiß auch nicht, ob ich es schaffe!

Therapeutin – Was denken Sie denn, was Sie alles schaffen sollten?

Frau D. – Ich habe gemerkt, dass meine Essstörung ganz eng verbunden ist mit anderen Problemen. Wir haben schon mal das »Problempaket« ausgepackt. Da ist ja einiges drin, der Stress am Anfang des Studiums, Zuhause wohnen nervt mich, dauernd die Geldknappheit – also, es gibt vieles, was mich echt belastet. Am liebsten würde ich wegrennen!

Therapeutin – Ja, das große Paket macht Ihnen Angst. Wenn Sie alles auf einmal ändern müssten, dann wäre das sicherlich zu viel. Wir machen jetzt mal eine Rangliste der Probleme und dann formulieren Sie, was anders werden soll. Wenn Sie sehen, wo es hingehen kann, dann werden Sie auch schnell sehen, womit Sie beginnen möchten. Und dann planen wir gemeinsam jeden kleinen Veränderungsschritt.

Frau D. – Sie meinen, in kleinen Häppchen ist das große Paket leichter verdaulich?

Therapeutin – Ja, Sie werden die Veränderung vermutlich sogar genießen!

Der Weg zum Ziel

Ein therapeutischer Prozess ist die Suche nach dem individuell besten Weg zu einem klar definierten Ziel. »Verirrungen« und »Durststrecken« gehören zu dieser Wanderung. Dabei kann es zu Rückschlägen, Krisen und Zweifeln kommen, manchmal muss auch das Ziel einer Therapie neu definiert werden. Wenn eine Störung nicht vollständig zu bewältigen ist, kann oder muss es ein sinnvolles Ziel sein, besser mit den Symptomen leben zu lernen. Leidet jemand beispielsweise immer wieder unter Panikattacken oder unter depressiven Episoden, dann muss der Alltag auf diese erhöhte Wiedererkrankungsbereitschaft eingestellt werden. Zu lernen, Stress besser zu bewältigen, Notfallmaßnahmen einzuüben, Vorwarnzeichen zu erkennen, rechtzeitig Hilfe zu holen und mit den Angehörigen Vereinbarungen zu treffen, gehört dazu.

Manchmal ist eine Therapie nur ein erster Schritt bei der Bearbeitung einer Störung. Besonders bei Magersucht beginnt die »Arbeit« oft erst nach der Therapiephase. Allein mit Alltagsproblemen zurechtzukommen, das Gewicht zu halten, Essen als »normale« Handlung zu begreifen, stellen echte Herausforderungen dar. Dabei kann eine Selbsthilfegruppe (siehe Serviceteil) Unterstützung geben.

Das heißt nicht, dass jede Therapie langwierig und mühselig ist. Oft reichen Kurzzeittherapien, etwa wenn rasch klar ist, welche Verhaltensänderungen den entscheidenden Unterschied im Erleben bewirken. Bei einfachen Phobien beispielsweise kann die Erfahrung, nach einem festgelegten Ablaufschema genau das gezielt und konzentriert zu tun, was Angst macht, schnell zu den gewünschten Veränderungen führen.

Was ist Psychotherapie?

Häufig wird ausdrücklich von »Gesprächspsychotherapie« statt von »Psychotherapie« gesprochen. In Abgrenzung zur medizinischen Behandlung wird damit signalisiert, dass der Schwerpunkt nicht auf Medikamenten liegt, sondern auf Gesprächen. Allerdings müssen die Klientinnen und Klienten meistens selber herausfinden, welche Art von Psychotherapie sie brauchen und wo sie diese finden können (vgl. die Kapitel »Auswahl der Therapiemethode« und »Die Suche nach einem Therapieplatz«).

Psychotherapie ist eine professionelle Maßnahme, mit deren Einsatz eine Hilfe benötigende Person bei der Lösung ihrer psychischen Probleme unterstützt wird. Bei allen Methoden steht der verbale Austausch von Gedanken und Gefühlen im Vordergrund.

Psychotherapie kommt bei psychischen und psychosomatischen Störungen zum Einsatz. Immer häufiger werden auch in der Rehabilitation und in der Behandlung von chronisch Kranken die Erkenntnisse und Methoden der Psychotherapie genutzt.

Wenn Menschen an die Grenzen ihrer eigenen Problembewältigung stoßen und Krankheitssymptome zeigen, wenn die Hilfe ihrer unmittelbaren Lebenswelt nicht mehr ausreicht, dann benötigen sie fachliche Unterstützung. Die Betroffenen wissen in der Regel, dass sie etwas verändern müssen. Ihnen ist allerdings meist nicht klar, was ihnen helfen könnte.

Das Grundlagenwissen für Psychotherapie stellt die Psychologie und teilweise auch die Medizin (Psychiatrie, Neurologie) zur Verfügung. In der klinischen Psychologie werden die Störungsbilder genau beschrieben und die Diagnosekriterien entwickelt. Es werden die auslösenden und aufrechterhaltenden Bedingungen für eine psychische Störung, die Verbreitung der Krankheit in der Gesellschaft und Grundlagen der Therapie erforscht und gelehrt.

Die Psychologie ist die Wissenschaft von der Seele und befasst sich mit dem Erleben und Verhalten von Menschen. Sie beschäftigt sich weniger mit den spirituellen Aspekten der Seele, das macht die Theologie. Sie erforscht auch nicht körperlich bedingte seelische Probleme, dafür ist eher die Medizin zuständig. Auch andere Wissenschaften wie beispielsweise die Soziologie, die Pädagogik oder die Chemie bringen Erkenntnisse ein, die nützlich sind. Gerade weil die unterschiedlichen Disziplinen nebeneinander stehen, ist es wichtig, den Menschen, der Hilfe sucht, als Einheit und als Ganzes zu sehen und dies als Leitbild bei jeder Art von Therapie vor Augen zu haben.

Die Psychotherapie stellt ein Anwendungsgebiet dar, das seine Theorien entwickeln und die Wirksamkeit seiner Methoden aus der Praxis heraus nachweisen muss. Im Laufe der Zeit haben sich unterschiedliche Therapierichtungen wie Psychoanalyse, Verhaltenstherapie oder Gestalttherapie entwickelt, die über eigenständige Theoriemodelle und Methoden verfügen (siehe das Kapitel zu den »Therapieschulen«).

Das Besondere am therapeutischen Gespräch

Wie kommt es, dass ein Gespräch mit einer Freundin über die alltäglichen Probleme jahrelang hilfreich ist und dann in einer bestimmten, sehr belastenden Situation nicht mehr ausreicht? Was ist das Besondere an einem therapeutischen Gespräch?

BEISPIEL »Mir stand das Wasser bis zum Hals. Es war alles so schrecklich und immer das Gleiche. Ich hab mich richtig geschämt und wollte mich keiner meiner Freundinnen mehr zumuten. In der Therapie, da ging es nur um mich. Ich brauchte nicht darauf zu schauen, ob die Therapeutin das verkraftet, was ich ihr erzähle. Ich konnte mich gehen lassen, durfte egoistisch sein. Sie hat mir geholfen, mein Chaos zu sortieren.«

Gerade am Anfang einer Therapie steht die Befindlichkeit der Klientin im Mittelpunkt. Sie hat Raum für sich und ihr Anliegen. Die Therapeutin hört zu, versucht zu verstehen und ermutigt zu Veränderungen. Das Ganze findet in einem festen Rahmen statt: immer am selben Ort, in einem selbst gewählten Rhythmus (in der Regel wöchentlich), pünktlich und absolut verlässlich für die Klientin und für die Therapeutin. Schließlich steht die Therapeutin unter Schweigepflicht und wird für ihre Leistung bezahlt.

Die Klientin erfährt die Aufmerksamkeit, die sie braucht, um ihr Leid zu klagen. Sie erhält ein Beziehungsangebot und kann sich ganz nach ihrem individuellen Bedürfnis darauf einlassen. Gleichzeitig bekommt sie gezielte Fragen gestellt, Hilfestellungen oder Interpretationen angeboten, die sie unterstützen sollen, eine Erkenntnis zu gewinnen, ein Problem zu erkennen und Lösungen zu finden.

Diese strukturierten Interventionen laufen vor dem Hintergrund des therapeutischen Wissens der Therapeutin ab. Anders als im Alltagsgespräch gibt die Therapeutin die Struktur des professionellen Gesprächs vor und wählt dabei die Methode, von der sie annimmt, dass sie hilfreich für die Lösung der Probleme ihrer Klientin ist und ihrer persönlichen Weiterentwicklung dient.

Die Rollen und Aufgaben sind – je nach therapeutischem Ansatz – unterschiedlich, aber immer eindeutig beschrieben. Mehr als bei einer medizinischen Behandlung, bei denen Ärzte die Untersuchungsmethode bestimmen, die Diagnose stellen, die Behandlung festlegen und Medikamente verordnen, übernehmen die Klienten selber Verantwortung für die einzelnen Schritte. Die hauptsächliche Veränderungsarbeit der Klienten findet zwischen den Sitzungen, im ganz normalen Alltag statt. Die Therapeuten geben keine »Rezepte«, sondern Hilfestellung zum Selber-Finden der Erkenntnisse und der Veränderungsschritte. Diese aktive Rolle erlaubt es den Klienten, sich ihre Erfolge auch selber zuzuschreiben; so kann Selbstvertrauen wachsen und damit die Gesundung voranschreiten.

Unterschiede zwischen Therapie und Beratung

Grundsätzlich sind die Grenzen in der alltäglichen Praxis zwischen Psychotherapie und Beratung fließend. Ein Beratungsgespräch kann von seiner methodischen Herangehensweise und vom Ablauf häufig nicht von einem Therapiegespräch unterschieden werden. Ein Gespräch mit Eltern in einer Erziehungsberatungsstelle wird genauso nach den Prinzipien therapeutischer Gesprächsführung geführt wie ein Einzelgespräch in einer Therapiesitzung. Der Unterschied ergibt sich aus dem Kontext und der Zielsetzung.

Beratung deckt eher den lebenspraktischen Bereich ab. Sie kann durch gezielte Hinführung zu Lösungen Hilfestellung geben. Bei Erziehungsfragen, bei Ehe-, Sexual- und Schwangerschaftsproblemen, im Suchtbereich oder für Frauen und Mädchen mit Gewalterfahrungen gibt es öffentliche Beratungsstellen. Diese werden von unterschiedlichen Trägern wie Kirchen, Vereinen und Wohlfahrtsverbänden betrieben und kommunal oder staatlich finanziert.

Grundsätzlich stehen Beratungsstellen allen Ratsuchenden offen. Wenn sich allerdings herausstellt, dass eine Störung mit Krankheitswert vorliegt, dann ist ein Arzt oder eine Psychotherapeutin gefordert. Dies kann dann zur Weiterleitung an einen Mediziner oder Psychotherapeuten führen.

Ziele in der Psychotherapie

Allgemein besteht das Ziel von psychotherapeutischen Prozessen darin, einen Stand der Befindlichkeit zu erreichen, der den grundsätzlichen Möglichkeiten sowie den individuellen Ansprüchen an Lebensqualität und Zufriedenheit entspricht. Die Bandbreite kann sich von der Sicherung des Überlebens, über die vollständige Herstellung der Arbeitsfähigkeit bis hin zu Zufriedenheit in allen Lebensbereichen erstrecken.

Es gibt Klienten, deren psychische Erkrankung ist so gravierend und chronisch, dass es primär um Erträglichkeit des Lebens geht. Bei anderen hat ein einschneidendes Lebensereignis wie der Verlust eines geliebten Menschen eine vorübergehende psychische Störung ausgelöst. Da besteht sicherlich das Ziel, wieder zurückzufinden zur vorherigen Lebensqualität oder diese zu verbessern. Menschen haben unterschiedliche Ansprüche und Erwartungen, einen jeweils eigenen Begriff von Normalität. Diese persönlichen Wertvorstellungen sollten sich in den Zielen der Therapie widerspiegeln und auch der Maßstab für Veränderung sein.

Es kann durchaus vorkommen, dass Klienten Ziele entwickeln, die Therapeuten nicht mittragen können. Wenn beispielsweise eine Klientin der festen Überzeugung ist, dass nur eine Brustvergrößerung ihr negatives Körpergefühl und ihr Selbstwertproblem lösen kann, sie aber panische Angst vor einer Operation hat und diese in der Therapie bearbeiten möchte, dann kann es durchaus sein, dass dieses Ziel von der Therapeutin nicht mitgetragen wird. Sie wird dann ihre Probleme offen legen und das Angebot machen, nach anderen Lösungen zur Verbesserung des Körpergefühls zu suchen und die Angst vor Operationen generell zu bearbeiten.

Je nach Therapieschule (siehe das entsprechende Kapitel) kann die Veränderung von Teilen der Persönlichkeitsstruktur zum Ziel werden. Es kann aber auch ausschließlich um die Lösung von konkreten, die Krankheit akut auslösenden und aufrechterhaltenden Bedingungen des Erlebens und Verhaltens gehen. In der Psychoanalyse kann Therapie ein langfristiger Prozess über mehrere Jahre sein. Oft reicht jedoch auch eine kurze Phase der Lösungssuche wie z. B. in der Kurzzeitverhaltenstherapie aus.

Unabhängig von dem methodischen Vorgehen ist es in jedem Fall hilfreich, wenn es den Klienten gelingt, das Problem, das sie zu einer Therapie veranlasst hat, zu bewältigen. Jede konstruktiv bewältigte psychische Krise stellt eine Chance zur persönlichen Weiterentwicklung dar. Deshalb ist die Bewältigung des akuten Problems als erste Zieldefinition in jedem Fall hilfreich.

---- **Ausbildungswege in der Psychotherapie**

Psychotherapeuten sind Fachleute für psychische Veränderungen. Sie verfügen über Wissen, auf welche Weise psychische Probleme zu lösen und leidvolle Befindlichkeiten zu bewältigen sind. Dieses Wissen stellen sie den Klienten zur Verfügung, um in einem gemeinsamen Prozess individuell passende Lösungen zu finden und eine persönliche Weiterentwicklung in Gang zu bringen.

Die Berufsbezeichnungen »Psychotherapeut« oder »Psychotherapeutin« sind geschützt, das heißt, wer diese Bezeichnung benutzt, muss eine staatlich anerkannte Prüfung abgelegt haben (Approbation), um diesen Heilberuf auszuüben. Nicht geschützt ist der Begriff »Psychotherapie«. Es wird unterschieden zwischen Psychologischen Psychotherapeuten, psychotherapeutisch tätigen Ärzten, Kinder- und Jugendlichenpsychotherapeuten (KJP) und verschiedenen Fachärzten für Psychotherapie.

Bei den Psychologischen Psychotherapeuten bildet ein Universitätsstudium mit einem Diplomabschluss mit dem Schwerpunkt »Klinische Psychologie« die Grundlage. Bislang ist noch nicht verbindlich geregelt, wie mit den Universitätsabschlüssen »Bachelor« oder »Master« als Voraussetzung für die therapeutische Ausbildung umgegangen werden soll. Die Psychotherapeutenkammern der Länder und des Bundes streben als Zugangsberechtigung für die Therapieausbildung einen Masterabschluss an. Für Kinder- und Jugendlichenpsychotherapeuten sollen die Anforderungen geringer ausfallen.

Die Psyche des Menschen mit all seinen Abläufen wie Fühlen, Denken, Verhalten als Individuum und in sozialen Gruppen sowie die Entwicklung dieser Fähigkeiten stehen im Mittelpunkt des Psychologiestudiums. Wissenschaftliches Denken und Techniken der Forschung werden ebenfalls vermittelt. In der klinischen Psychologie erwerben die Studierenden darüber hinaus Kenntnisse über Störungsbilder und deren Behandlung. Darauf muss eine dreijährige oder fünfjährige Ausbildung in einer anerkannten Therapierichtung bei einem qualifizierten, staatlich anerkannten Ausbildungsinstitut erfolgen. Eine einjährige Praxisphase in einer psychiatrischen Einrichtung sowie ein halbes Jahr in einer psychosomatischen Einrichtung sind Bestandteil der Ausbildung. Bei der Veränderung von Störungen liegt der Schwerpunkt darauf, die persönlichen Kompetenzen der Betroffenen aufzubauen und zu stärken. Psychologische Psychotherapeuten verordnen keine Medikamente, weil die Medikamentenbehandlung nicht ihr Fachgebiet ist.

Medikamente können nur ärztliche Psychotherapeuten und Fachärzte verschreiben. Psychotherapeutisch tätige Ärzte haben als Grundlage ein abgeschlossenes Medizinstudium und eine allgemeine psychotherapeutische Ausbildung. Fachärzte für Psychiatrie und Psychotherapie und Fachärzte für psychotherapeutische Medizin haben darüber hinaus eine Ausbildung in mindestens einem therapeutischen Richtlinienverfahren und mehrjährige Erfahrungen in psychiatrischen Einrichtungen.

In der psychiatrischen Praxis werden fast immer Medikamente zur Behandlung eingesetzt. In der Psychotherapie ist das nicht der Fall. Eine Besserung oder Heilung einer psychischen Krankheit soll durch methodische Gespräche unter aktiver Mitwirkung der Betroffenen erreicht werden. Je nach Schwere der Störung kann eine ergänzende medikamentöse Behandlung sinnvoll sein. Diese sollte, wenn nötig, immer von einem Facharzt mit der entsprechenden Erfahrung verordnet werden.

Ausbildungswege in der Psychotherapie (nach Bäuml 2008)

Berufsgruppe	Medizinstudium	Psychologiestudium	Tätigkeit in psychiatrischen Einrichtungen	Berechtigung zur medikamentösen Behandlung	Psychotherapieausbildung allgemein	speziell: Tiefenpsychologie, Verhaltenstherapie	Bezahlung durch Krankenkasse
Facharzt für Psychiatrie und Psychotherapie	ja	nein	mind. 3 Jahre	ja	ja	ja	ja
Facharzt für Psychiatrie / Nervenarzt	ja	nein	mind. 4 Jahre	ja	ja	wahlweise	ja
Facharzt für psychotherapeutische Medizin	ja	nein	1 Jahr (auch in Praxis möglich)	ja	ja	ja	ja
Allgemeinarzt	ja	nein	mindestens 4 Wochen	ja	ja	wahlweise	ja
Psychologischer Psychotherapeut	nein	ja	1 Jahr (1.200 Stunden)	nein	wahlweise	ja	ja

Die Qualifikationen für die Therapie von psychischen Störungen sind also sehr unterschiedlich. Wenn die Kassenzulassung für Psychotherapie vorliegt, kann die Klientin oder der Klient von einer psychotherapeutischen Ausbildung ausgehen. Die Mitgliedschaft in einer Kassenärztlichen Vereinigung ist auch die sozialrechtliche Voraussetzung für die Abrechnung mit den Krankenkassen. Wer sich bei der Kassenärztlichen Vereinigung seiner Region oder bei seiner Krankenkasse nach einem Psychotherapeuten in seiner Nähe erkundigt, kann damit eine fundierte Ausbildung voraussetzen. Auch andere Stellen wie der Psychotherapie-Informations-Dienst vermitteln nur qualifizierte Adressen (mehr dazu im Kapitel »Die Suche nach einem Therapieplatz«).

Psychotherapie als Wissenschaft

Psychologie und Psychotherapie bewegen sich in einem Feld zwischen Natur- und Geisteswissenschaften. Die Psychotherapieforschung ist eine empirische Forschung, das heißt, es wird versucht, beobachtbare Abläufe erst einmal genau zu beschreiben. In einem nächsten Schritt werden theoretische Modelle erstellt, die erklären sollen, wie diese Abläufe funktionieren. Diese Annahmen werden ihrerseits durch Versuche und gezielte Beobachtungen auf ihren Wahrheitsgehalt überprüft. Erst wenn dieser Prozess erfolgreich abgeschlossen ist, dann ist es wissenschaftlich korrekt, eine Annahme für bewiesen zu erklären.

Da es sich bei psychischen Vorgängen um oft nur schwer beobachtbare und messbare Abläufe handelt, ist es entsprechend schwierig, allgemein gültige Aussagen über menschliches Erleben und Verhalten zu treffen. Aus diesem Grund wird heftig darüber diskutiert, welche Aussagen als gesicherte Erkenntnisse anzusehen sind und welche das Stadium der wahrscheinlichen Annahmen noch nicht verlassen haben. Eins hat die Psychotherapieforschung jedoch unzweifelhaft nachgewiesen: Psychotherapie wirkt!

In der Psychologie als Wissenschaft sind die Ansprüche an die Forschungsmethoden und die Beweisführung für Annahmen in den letzten Jahrzehnten stetig gestiegen. Dies hat dazu geführt, dass nur die Therapieschulen Anerkennung gefunden haben, die mit klassischen Forschungsmethoden ihre Wirkungsweise ausreichend nachweisen konnten. Dazu gehören in erster Linie die Verhaltenstherapie, die Psychoanalyse und die allgemein tiefenpsychologisch fundierten Psychotherapien. Diese werden von den Krankenversicherungen bezahlt. Die Gesprächspsychotherapie und die Systemische Therapie haben ebenfalls wissenschaftliche Nachweise vorgelegt, werden aber von den Krankenversicherungen (noch) nicht anerkannt.

Wirkfaktoren der Psychotherapie

Es ist hilfreich zu wissen, welche Elemente einer Psychotherapie prinzipiell positiv wirken, weil diese auch Qualitätskriterien für die Therapie darstellen. Klienten können dann überprüfen, ob diese Merkmale in ihrer Therapie zu finden sind.

Jede Therapieschule hat ihre eigenen Theorien über die Entstehung und Behandlung psychischer Störungen. Am Anfang waren Wissenschaftler und Praktiker bemüht, das jeweilige Profil ihrer Therapierichtung deutlich zu machen und die Unterschiede der Wirkungsweisen zu betonen. In den letzten Jahren konzentrierte sich die Psychotherapieforschung aber verstärkt auf die Bestimmung der Faktoren, die über alle Therapieschulen hinweg einen Einfluss auf die positive Veränderung und Entwicklung der Klienten haben. Besonders Klaus Grawe und sein Team (GRAWE u. a. 1994) haben sich um die Erforschung dieser allgemeinen Wirkfaktoren bemüht.

BEISPIEL »Als ich mit der Therapie angefangen habe, war ich davon überzeugt, ein totaler Versager zu sein. Wie der letzte Depp hab ich mich gefühlt. Bei mir ist nichts mehr zu retten, hab ich gedacht. Zuerst hat der Therapeut sich das alles angehört und dann hat er mich gefragt, ob es denn nicht irgendeine Kleinigkeit gibt in meinem Leben, die ich gut gemacht hab oder mit der ich zufrieden bin. Es hat wirklich was gegeben und der Therapeut hat das gut gefunden, und ich hab angefangen zu glauben, dass doch vieles okay ist an mir und meinem Leben.«

Wiederentdeckung der eigenen Fähigkeiten — Wenn es dem Klienten am Anfang gelingt, Vertrauen und Hoffnung auf Veränderung zu entwickeln, entsteht eine Veränderungsmotivation. Der Therapeut braucht das nicht dem Zufall zu überlassen, sondern kann Einfluss darauf nehmen, dass diese Ansatzpunkte für Veränderungen tatsächlich angestoßen werden und die Therapie in Gang kommt. Die Suche und Bestärkung der bestehenden Fähigkeiten und Stärken, der Ressourcen des Klienten, fördern diesen Prozess. Es ist wichtig herauszufinden, wo der Klient ansetzt, auf welche Lösungsmuster er zurückgreifen kann. Es tut der therapeutischen Beziehung gut, wenn der Therapeut einerseits das Leid anerkennt und gleichzeitig die »nützlichen« Anteile des Klienten verstärkt und daraus Bewältigungsstrategien entwickelt werden können. Die Psychotherapieforschung hat gezeigt, dass Therapien, in denen ressourcenaktivierend gearbeitet wird, bessere Ergebnisse aufweisen als die, in denen alles ständig um Probleme kreist.

— **BEISPIEL** »Mein Mann und ich haben uns in der Paartherapie erst mal genauso gestritten wie zu Hause. Die Therapeutin hat sich das eine Weile angeschaut und dann haben wir genau aufgedröselt, was mein Mann und ich da dauernd veranstalten. Wir haben dann direkt in der Sitzung darüber geredet und Vereinbarungen getroffen, was wir zu Hause in einer solchen Situation anders machen wollen.« —

Nähe zum konkreten Problem — Es hat sich gezeigt, dass Therapien besonders dann wirkungsvoll sind, wenn die Menschen ihre Probleme im Rahmen der Psychotherapie möglichst real erfahren. Das Paar erlebt den Konflikt direkt in der Sitzung. Alle Gefühle, Gedanken und Verhaltensmuster können unmittelbar nachgefragt und die Problemmuster erkannt werden. Je weniger »theoretisch« ein Klient über seine Probleme berichtet, je mehr er seine Befindlichkeit erlebt im therapeutischen Setting, umso wahrscheinlicher ist die Lösung des Problems. Deshalb ist es wichtig, dass die Therapiemethode über unterschiedliche Möglichkeiten verfügt, ganz konkrete Auslöser, Beziehungsmuster, Situationen usw. herzustellen oder zu nutzen.

── **BEISPIEL** »Ich habe nach dem Tod meines Mannes einfach nicht mehr weiter gewusst. Jeden Tag habe ich genau wie den anderen abgespult, weil ich Angst hatte, dass ich verrückt werde, wenn ich das nicht so mache. Die Therapeutin hat mit mir ganz konkret Varianten von Dingen, die ich früher gemacht habe, wieder in den Tagesablauf eingearbeitet. Jede Woche ein bisschen was anderes. Irgendwann bin ich dann aufgetaut und habe wieder angefangen, am Leben teilzunehmen.« ──

Aktive Hilfe zur Problembewältigung ─ Häufig kommen Klienten und erwarten ganz praktische »Rezepte«. Sie wollen genau wissen, was sie anders machen sollen, damit es ihnen wieder besser geht. Dieser Wunsch ist verständlich, aber die Erfüllung ist auch ein Roulettespiel. Was tut die Klientin, wenn das Rezept der Therapeutin nicht funktioniert? Die aktive Hilfe zur Problembewältigung setzt eine ebenso aktive Arbeit der Klientin voraus. Aktive Unterstützung muss immer an das anknüpfen, was die Klientin an eigenen Ressourcen mitbringt, in diesem Beispiel sind es die Dinge, die sie früher mit Freude getan hat. Je konkreter eine Hilfe ist, umso genauer muss sie vorher erarbeitet werden, die Klientin musste sich z. B. erinnern, welche Hobbys sie früher gepflegt hat, warum sie sie aufgegeben hat, sie musste herausfinden, ob etwas davon in ihren jetzigen Alltag passt und wie es eingebaut werden kann. Schließlich musste sie es ausprobieren. Aktive Hilfe zur Problembewältigung bedeutet für die

Klientin nicht die möglichst getreue Befolgung therapeutischer Ratschläge, sondern die gemeinsame Entwicklung möglichst konkreter Maßnahmen.

In der Psychoanalyse ist das Ziel von Anfang an weiter gefasst:

BEISPIEL »Andauernd habe ich mich gefragt, warum ist das bei mir so. Warum denke ich dauernd, dass sie fremdgeht. Warum muss ich meiner Frau nachspionieren, obwohl ich doch weiß, wie sehr sie das kränkt. Ich habe mich dafür verachtet. In der Therapie habe ich dann vieles an Erlebnissen und Erfahrungen zusammengetragen und langsam begriffen, was für Verlustängste ich habe und wie viel Lebensangst daraus entstanden ist.«

Sich selber besser verstehen — Dem Bedürfnis nachzukommen, ein bestimmtes Erlebens- oder Verhaltensmuster zu verstehen, stellt häufig einen Teil der Lösung dar. In der Therapie hat der Klient die Möglichkeit, laut über sich nachzudenken, Unterstützung bei der Herstellung von Zusammenhängen zwischen seiner Kindheit, der Familiengeschichte, den zentralen Ereignissen seiner Lebensgeschichte, traumatischen Erlebnissen und der aktuellen Situation zu finden. Der Klient kann sich klar werden über die Motive seines Handelns, über die Wertmaßstäbe und die Leitsätze in seinem Leben. Es geht um einen Prozess der Selbstreflexion mit dem Ziel, sich so neu zu organisieren, dass die Befindlichkeit sich verbessert.

Kassenfinanzierte Psychotherapie

Da es sehr viele, mehr oder minder wirksame Angebote auf dem Psychotherapiemarkt gibt, hat der Gesetzgeber Kriterien für die Therapien vorgegeben, für die die Krankenkassen auch die Finanzierung übernehmen. Das Verfahren muss – nach den derzeit geltenden Methoden – wissenschaftlich überprüfbar und wirksam sein. Wenn es diesen Standards entspricht, dann wird es als sogenanntes Richtlinienverfahren anerkannt. Zurzeit werden nur Verhaltenstherapie, Psychoanalyse und tiefenpsychologisch fundierte Psychotherapie von den gesetzlichen Krankenkassen anerkannt.

Die gesetzlichen Krankenkassen übernehmen grundsätzlich die Finanzierung einer dieser Richtlinientherapien, wenn
- die Therapie von einer qualifizierten Person mit entsprechendem Studium und einer Ausbildung in eben einer dieser Richtlinienverfahren durchgeführt wird,
- die sozialrechtliche Zulassung durch die kassenärztliche Vereinigung vorliegt und
- bei dem Hilfesuchenden eine diagnostizierbare Störung mit Krankheitswert vorliegt.

In öffentlichen Beratungsstellen werden jedoch auch Verfahren angewendet wie z.B. systemische Familientherapie, klientenzentrierte Gesprächstherapie oder Gestalttherapie. Dort kann auch eine Pädagogin oder ein Sozialarbeiter mit entsprechender Ausbildung eine Therapie durchführen.

Was sich Klienten auf dem freien Psychotherapiemarkt kaufen und selber bezahlen, bleibt dem persönlichen Bedürfnis überlassen.

---- **Angebote auf dem freien Markt**

Seriöse Ausbildungsinstitute für Therapieverfahren, die nicht als Richtlinienverfahren zugelassen sind, garantieren bei ihrem Ausbildungsangebot eine bestimmte Qualität und geben darüber Auskunft. Sie garantieren in der Regel bei den Absolventen einen gesicherten Standard an praktischen Erfahrungen (aufgrund vorgeschriebener Therapiestunden) und theoretischem Wissen (durch Abschlussprüfungen). Über die sogenannte eingeschränkte Erlaubnis zur Ausübung der Heilkunde auf dem Gebiet der Psychotherapie wird die rechtliche Grundlage geschaffen, dass z. B. eine Gestalttherapeutin ›heilend‹ therapeutisch tätig sein darf. Von dieser Möglichkeit machen viele gut ausgebildete Fachleute Gebrauch. Es ist also sinnvoll, Therapeuten nach ihrem Ausbildungsinstitut zu fragen. Über die jeweiligen Berufsverbände kann die Seriosität des Ausbildungsinstitutes in Erfahrung gebracht werden.

Eine zweite Informationsquelle stellen regionale Beratungsstellen und – wie immer – auch Freunde und Bekannte dar. Oft haben in einer Region Therapeuten, egal in welchen Verfahren, einen guten Ruf. Wichtig ist zu beobachten, ob die Fachleute über einen langen Zeitraum in der Versorgungsstruktur einer Region eine Rolle spielen. Das lässt Rückschlüsse auf Erfahrung und Kompetenz zu. Falls Unregelmäßigkeiten in der Therapie auftreten sollten, besteht die Möglichkeit, sich bei den Berufsverbänden (siehe Serviceteil) telefonisch beraten zu lassen.

Auch wenn die Therapeuten ein abgeschlossenes Studium z. B. in Psychologie oder Medizin haben, aber keine Therapieausbildung in einem Richtlinienverfahren, zahlen die Krankenkassen nur in Ausnahmen. Es lohnt sich aber, dies im Einzelfall abzuklären (zur Finanzierung siehe Serviceteil).

---- **Unseriöse Angebote**

Die Berufsbezeichnung »Psychologischer Psychotherapeut« ist grundsätzlich gesetzlich geschützt und Fachleuten mit einem

Hochschulstudium und einer anschließenden anerkannten Therapieausbildung vorbehalten. Auf dem Therapiemarkt sind jedoch viele Arten von irreführenden Berufsbezeichnungen zu finden: »Psychotherapeut (HPG)« oder »Fachpsychotherapeut (HPG)« z. B. sind keine rechtlich zulässige Berufsbezeichnung. Die eingeschränkte Erlaubnis nach dem Heilpraktikergesetz (§ 1 HPG) entspricht bei Weitem nicht den Anforderungen, die das Gesetz für Psychotherapie vorschreibt. Die Qualität wird nicht durch die gesetzlichen Ausbildungsrichtlinien und Zulassungskriterien der Länderministerien gesichert. Dementsprechend werden Leistungen von »HPG-Therapeuten« auch nicht von den Krankenkassen bezahlt.

In diesem Bereich gibt es viele unseriöse Angebote, für die auch noch viel Geld verlangt wird. Besonders Wochenendworkshops, bei denen – mit welchen Verfahren auch immer – aufdeckend und emotional aufwühlend gearbeitet wird, sollten nicht von Menschen, die in akuten Krisen stecken, aufgesucht werden. Vor allen Dingen nicht, wenn sie dann nach dem Wochenende allein und ohne Begleitung dastehen. Oft sind diese Erlebnisse sehr beeindruckend und sie können auch viel in Bewegung bringen, aber genauso häufig werden traumatische Erlebnisse reaktiviert und bleiben dann unbearbeitet. Wenn keine qualifizierte Nachbetreuung geleistet wird, kann mehr Schaden als Nutzen entstehen.

Neben dem seelischen Schaden sind die Kosten zu beachten. Das ist zwar nicht ganz so tragisch, weil nur Geld zum Fenster hinausgeworfen wird, doch das wäre in seriösen Angeboten sinnvoller angelegt.

Rahmenbedingungen

Von den gesetzlichen Krankenkassen werden in der Regel die Verhaltenstherapie, die tiefenpsychologisch orientierte Psychotherapie und die analytische Psychotherapie sowie zwei Entspannungsverfahren (Progressive Muskelentspannung, Autogenes Training) und Hypnotherapie bezahlt. Im Einzelfall finanzieren Krankenkassen unter ganz bestimmten eingeschränkten Bedingungen auch andere Verfahren (vgl. Serviceteil). Dass ausgerechnet diese Verfahren vom Gesetzgeber als finanzierungswürdig erachtet wurden, ist eher historisch und gesundheitspolitisch bedingt, denn ausschließlich inhaltlich begründbar.

Die tiefenpsychologisch fundierten Verfahren basieren auf Annahmen der Psychoanalyse, haben sich aber durch Integration von Elementen anderer Therapien in verschiedene Richtungen weiterentwickelt und legen den Schwerpunkt auf die Bearbeitung eines zentralen Konfliktes. Im Laufe der Zeit wurde unter den tiefenpsychologisch fundierten Verfahren alles zusammengefasst, was auf psychoanalytischen Grundannahmen basiert, aber in der Regel nicht über 100 Therapiesitzungen hinausgeht. Die begrenzte Stundenzahl markiert die formale Abgrenzung zur »großen« Psychoanalyse, die 300 und mehr Sitzungsstunden umfassen kann und meist eine Langzeittherapie ist.

Die kognitive Verhaltenstherapie unterscheidet sich von diesen beiden Ansätzen grundsätzlich. Der theoretische Hintergrund ist nicht psychoanalytisch, sondern lerntheoretisch und kognitionspsychologisch (vgl. das Kapitel zur kognitiven Verhaltenstherapie). Es gibt nur relativ kurze Therapien, die in der Regel 25 bis 45 Sitzungen umfassen, in Ausnahmen aber auch bis zu 80 Stunden dauern können.

Weil für die meisten Menschen, die einen Therapieplatz suchen, nur eine kassenfinanzierte Therapie in Frage kommt, werden diese drei Therapierichtungen im Mittelpunkt stehen. Da aber Beratungsstellen auch andere Angebote machen, werden andere professionelle Verfahren kurz vorgestellt, zumal über kurz oder lang vermutlich einige von ihnen ihre gesetzliche Anerkennung finden werden.

Langzeittherapie oder Kurzzeittherapie?

So klar die Begriffe auch sind, so verwirrend ist ihr Gebrauch. Aus Sicht des Gesetzgebers und der Krankenkassen ist die Psychoanalyse ein Verfahren, das mit bis zu 300 Stunden in jedem Fall eine Langzeittherapie ist. Der Erstantrag an die Krankenkasse wird mit entsprechend hoher Stundenzahl (160) gestellt.

Daneben gibt es die tiefenpsychologisch fundierte Psychotherapie. Rein nach formalen Kriterien der Krankenkassen wird sie bei bis zu 25 Stunden eine tiefenpsychologische Kurzzeittherapie genannt, ab 50 Stunden eine Langzeittherapie. Es ist eine Ausweitung bis auf 100 Stunden möglich (im Einzelfall auch noch länger), dafür muss jedoch immer ein spezielles Gutachterverfahren eingeleitet werden.

Bei einer Verhaltenstherapie sind 25 bis 45 Stunden die Regel. Sie ist vom Konzept das kürzeste Verfahren. Die Therapie kann aber auch bei Bedarf verlängert werden. Dann wird sie in eine Langzeittherapie mit maximal 80 Stunden umgewandelt (Zwischenschritt: 60 Stunden). Dafür ist ebenfalls ein Gutachtenverfahren erforderlich.

Für Einzel- und Gruppentherapie gelten die gleichen Regeln.

Je nachdem, mit welcher Therapiemethode gearbeitet wird, variieren die Stundenzahl und die Antrags- und Genehmigungspraxis bei den Krankenkassen. Wer über eine Therapie nachdenkt, muss sich also überlegen, wie viel Zeit er dafür ansetzen will und kann. Wer sich für eine Psychoanalyse entscheidet, wählt damit gleichzeitig eine Langzeittherapie, die sich über Jahre mit zwei bis drei Sitzungen pro Woche hinziehen kann. Wer lieber eine Kurzzeittherapie möchte, muss sich darüber im Klaren sein, dass die 25 Sitzungen zielgerichtet zur Bearbeitung eines begrenzten Problembereichs genutzt werden, also am Anfang oft mit größerer Frequenz als gegen Ende stattfinden. Wie lange eine Therapie letztendlich dauert, wird sich aber möglicherweise erst im Verlauf der Therapie entscheiden.

Einzeltherapie oder Gruppentherapie?

Die Versorgungsrealität sieht so aus, dass in der ambulanten Versorgung hauptsächlich Einzeltherapie angeboten wird. Selbst wenn eine Gruppentherapie sinnvoller wäre, scheitert diese Möglichkeit daran, dass das Antragsverfahren zu umständlich, zu aufwändig und kaum praktikabel ist. Niedergelassene Fachärzte für Psychotherapie und Psychologische Psychotherapeuten machen daher von dieser eigentlich ökonomischeren Therapieform kaum Gebrauch. Die meisten Kliniken und stationären Einrichtungen arbeiten hingegen bevorzugt mit Gruppentherapie.

Alle Therapierichtungen verfügen über gruppentherapeutische Methoden. Die Krankenkassen bezahlen Gruppentherapien nur bei den speziell dafür zugelassenen Therapeuten. Für alle Teilnehmer müssen Diagnosen gestellt und einzeln Anträge eingereicht werden. Die Großgruppe besteht in der Regel aus acht, die Kleingruppe aus vier Personen und dauert meistens 100 Minuten. Die Sitzungsfrequenz kann zwischen mehrmals wöchentlich und einmal monatlich liegen. Je nach Therapierichtung kann sich die Stundenzahl zwischen den 25 Stunden einer Kurzzeittherapie bis hin zu den jeweils maximal möglichen 50 Stunden und mehr einer Langzeittherapie bewegen.

Die Gruppe kann geschlossen sein, das heißt, es kommen keine neuen Teilnehmer hinzu, oder offen, dann können zu jeder Zeit Personen einsteigen. Die Gruppenteilnehmer können vom Alter her sehr unterschiedlich sein und Männer und Frauen umfassen. Oft ist es so, dass die Teilnehmer nicht alle die gleiche Diagnose haben, sondern die Gruppe unabhängig von der Krankheit zusammengestellt wird. Das kann durchaus hilfreich sein. Für Menschen mit psychischen Störungen gibt es Problemmuster, die bei fast allen auftreten. Umgang mit Konflikten, Emotionsbewältigung oder soziale Sicherheit ist in annähernd jeder Gruppe Thema. Zudem können Teilnehmende dieser heterogenen Gruppen gerade von der Unterschiedlichkeit profitieren. Es gibt aber auch alters- und geschlechtshomogene Gruppen, z. B. für junge Frauen mit Magersucht. Bei so speziellen Störungsmustern ist es sinnvoll, gezielte Interventionen durchzuführen, z. B. am Körperschema zu arbeiten, ein gesundes Essverhalten aufzubauen oder Weiblichkeit und physische Attraktivität zu thematisieren.

Vom Ablauf unterscheiden sich die Gruppen genauso nach den Therapierichtungen wie die Einzeltherapien. Verhaltenstherapeutische Gruppen haben häufig Trainingscharakter. Es geht beispielsweise um Selbstsicherheit, soziale Kompetenz, Kommunikation, Konflikt- und Problemlösung. Daneben gibt es störungsspezifische Gruppen für Menschen mit Depressionen, Ängsten oder Zwängen. Wenn verstärkt ressourcenorientiert und lösungsorientiert gearbeitet wird, dann steht weniger die jeweilige Diagnose, die Ursachenforschung und die Analyse der Störung im Mittelpunkt. Vielmehr geht es um die Suche und Reaktivierung der individuell vorhandenen Fähigkeiten zur Lösung von Problemen. Bei den psychodynamischen Therapierichtungen spielen die Beziehungen der Teilnehmer untereinander eine wichtige Rolle. Die Gruppe wird als Resonanzfeld genutzt. Je nach Therapierichtung wird die Rolle der Therapeutin anders definiert, ihre Aufgaben reichen von der Moderation bis zur Projektionsperson in einem psychodynamischen Prozess.

Die Teilnahme an Gruppen bietet den Vorteil, dass die Veränderung wie im richtigen Leben im Kontext von sozialen Bezügen verläuft. Menschen sind zusammen und tragen ihre Konflikte aus, finden gemeinsam Lösungen und nutzen die jeweiligen Kompetenzen der anderen. Oft bilden sich zwischen den Gruppenmitgliedern auch »Freizeitbeziehungen«. Damit wird die häufig bestehende Isolation durchbrochen, was für viele ein wichtiger Schritt ist. Gruppen machen besonders dann Sinn, wenn die Störung ein soziales Problem mit sich bringt. Die Gruppe stellt dabei nicht nur ein Übungsfeld dar, die Interaktion zwischen Betroffenen bietet gute Möglichkeiten der Selbstreflexion.

Die Vorzüge der Einzeltherapie sind bereits dargestellt worden. Wenn die Entscheidungsfrage angesichts der regionalen Versorgung überhaupt gestellt werden kann, dann ist es – neben der therapeutischen Begründbarkeit – auch eine Frage der persönlichen Neigung, welche Form einem mehr zusagt. Manchmal ist es auch sinnvoll, an eine Einzeltherapie eine Gruppentherapie anzuschließen, wenn beispielsweise noch soziale Kompetenzen geübt werden sollen. Kommunikative Fähigkeiten, Konfliktbereitschaft und Durchsetzungsvermögen können nur im Umgang mit Menschen erlernt werden.

Paar- und Familientherapie

Diese Form der Therapie wird hauptsächlich in Beratungsstellen durchgeführt. In der ambulanten Therapie müssen paar- und familientherapeutische Sitzungen privat finanziert werden, weil die Krankenkassen diese nicht bezahlen.

In jeder Psychotherapie und sinnvollerweise bei der Therapie mit Kindern und Jugendlichen gibt es die Möglichkeit, zusätzliche Sitzungen für die Familie oder die Bezugsperson zu beantragen. Hier können Angehörige zu einigen Sitzungen eingeladen werden. Dies kann maximal jede vierte Sitzung sein. Es ist nicht möglich, ausschließlich Paar- oder Familientherapie bei den Krankenkassen zu beantragen.

Fast alle psychischen Störungen haben eine Komponente, die auf das soziale Umfeld ausstrahlt oder auch von diesem mitverursacht wird. Aus welchen Gründen auch immer trägt das Paar- oder Familiensystem dazu bei, die Störung bei der »identifizierten« Patientin aufrechtzuerhalten. Diesen Teil herauszufinden und daran zu arbeiten, sollte obligatorisches therapeutisches Handeln sein. Ob jedoch das System als Ganzes oder die Symptomträgerin therapeutische Hilfe sucht, hängt von den Angebotsstrukturen in der Region, den finanziellen Möglichkeiten und der Bereitschaft des Systems sowie den Bedürfnissen der betroffenen Person ab. Je »kränker« das System ist, umso nötiger ist die Paar- oder Familientherapie. Wenn die einzelne Person eng verstrickt ist, dann ist sie oft zu machtlos, um eigene Wege zu gehen und persönliche Veränderungen voranzutreiben. Unter diesen Bedingungen wäre eine gemeinsame Therapie besonders sinnvoll.

Ein Beispiel für eine systemische Paartherapie findet sich im Kapitel »Therapieszenarien«.

---- **Frau oder Mann?**

Männlich und weiblich – spielt das eine Rolle? Es gibt eine Vielzahl unterschiedlicher Aspekte bei dieser Frage zu betrachten. Es könnte z. B. um die männlich geprägte historische Entwicklung von Psychotherapie gehen, um die geschlechtstypischen Störungsbilder und Diagnosen, um unterschiedliches Hilfesuchverhalten von Männern und Frauen, um die geschlechtsspezifischen Aspekte der Therapierichtungen und um entsprechende Merkmale im therapeutischen Handeln oder um die Frage der Zuordnung von Klienten zu Therapeuten. Männlich oder weiblich spielt also eine Rolle, das wird schon aus dieser kurzen Aufzählung deutlich.

Dies ist sichtbar geworden durch die Frauenbewegung und durch feministische Therapeutinnen, die das »männliche Dogma« der Geschlechtsneutralität in der Psychotherapie entkräftet haben. Der Ausgangspunkt war also der Blick von Frauen auf Frauen in der Therapie. Daraus haben sich Grundlagen für eine »feministische Psychotherapie« (BILDEN 1992) entwickelt. In den letzten Jahren wurde, besonders im Kontext von häuslicher Gewalt, Sucht, Sexualstraftaten und Vaterschaft der geschlechtsbewusste Blick auch auf die männliche Klientel gerichtet. Zunehmend mehr männliche Therapeuten befassen sich mit den »Risikofaktoren« der männlichen Geschlechtsrolle (SÜFKE 2008). Die Entwicklung bei den entsprechend sensibilisierten Therapeuten geht nun zu einer allgemeinen geschlechtsbewussten Psychotherapie, d.h. die Auswirkungen der überwiegend erlernten Geschlechtsrollenmuster von Frauen und Männern auf ihre psychische Gesundheit oder Krankheit werden einbezogen in die Analyse der Entstehung, Aufrechterhaltung und Auflösung von psychischen Störungen. Im ICD-10, dem international gültigen Diagnose-Katalog, gibt es unter F45.0 die Diagnose »Somatisierungsstörung«. Dabei handelt es sich um »wiederholt auftretende und häufig wechselnde körperliche Symptome« wie z.B. Schmerzen aller Art, Magenbeschwerden, Hautreaktionen, sexuelle und menstruelle Probleme. Diese »Störung ist weitaus häufiger bei Frauen als bei Männern und beginnt meist im frühen Erwachsenenalter« (DILLING u.a. 1991, S. 184). Interessanterweise sind Mädchen bis zur Pubertät das gesündere Geschlecht, seltener krank und weniger empfindlich als Jungen. Erst während und nach der Pubertät, wenn die Auseinandersetzung mit den geschlechtstypischen Rollenerwartungen erfolgt, wendet sich das Blatt.

Nach dem gängigen Rollenklischee wird Frauen unter anderem eine höhere Empfindlichkeit, körperliche Schwäche, geringere Belastbarkeit, weniger Durchsetzungsfähigkeit und Aktivität, größere Ängstlichkeit und »Zimperlichkeit« zugeschrieben. Immer noch gibt es Mädchen und Frauen, die sich sozial und beziehungsmäßig in benachteiligten Positionen befinden. Sie haben zu wenig gelernt, ihre Interessen offensiv zu vertreten, auch »Nein« zu sagen, sich zu schützen. Frauen neigen dazu, in die »Opferrolle« zu gehen, dazu gehört auch, psychische Konflikte körperlich auszutragen, z.B. eine Somatisierungsstörung zu

entwickeln. Hinzu kommt, dass Mädchen und Frauen einem erhöhten Risiko ausgesetzt sind, Opfer unterschiedlichster Formen von (sexueller) Gewalt zu werden. Das erhöht ebenfalls die Wahrscheinlichkeit zu erkranken.
Im ICD-10 ist unter F45.0 ferner zu lesen, dass Somatisierungsstörungen oft mit Depressionen und Angst einhergehen und »Abhängigkeit und Missbrauch von Medikamenten häufig aus zahlreichen Verschreibungen resultieren«. Das ist vermutlich ein Grund dafür, warum Medikamentenabhängigkeit bei Frauen weitaus häufiger auftritt als bei Männern. In einer geschlechtsbewussten Psychotherapie wird das Angebot gemacht, die individuelle Störung in Zusammenhang zu bringen mit den gelernten Geschlechtsrollenmustern. Die Entwicklung als Mädchen oder Junge mit allen hilfreichen oder schädlichen Mustern wird analysiert, die Bestandteile der Rolle als Frau oder Mann, die zur Entstehung oder Verstärkung des Problems beigetragen haben, werden herausgearbeitet.
Frauen werden ermutigt Grenzen zu setzen, zu ihren Bedürfnissen zu stehen und selber für sich zu sorgen. Eine kritische Auseinandersetzung mit dem überwiegend männlich geprägten medizinischen System, das Frauen den Griff zur Psycho-Pille leicht macht, wird vielleicht Bestandteil der Therapie sein. Frauen haben aber auch die Chance zu erkennen, wie viele Ressourcen und Fähigkeiten mit der eigenen Geschlechtsrolle verbunden sind und wie sie diese zur alternativen Lösung ihrer Probleme nutzen können. Prinzipiell kann in der Therapie mit Männern genauso vorgegangen werden.
Eine Frau als Therapeutin garantiert bei weitem nicht den geschlechtsbewussten Blick in der therapeutischen Arbeit. Es gibt männliche Therapeuten, die die Geschlechtsrollenmuster sehr

deutlich vor Augen haben und entsprechend arbeiten. Am besten wird es sein, im Erstgespräch danach zu fragen, wenn das bei der Suche nach einem Therapieplatz wichtig ist.

Oft besteht bei Frauen der explizite Wunsch, zu einer Therapeutin zu gehen. Wenn z. B. männliche Gewalt erlebt wurde, dann ist dieser Wunsch nahe liegend. Meistens wollen Frauen auch lieber eine Therapeutin, wenn die Störung im Zusammenhang steht mit Partnerschaftskonflikten, sexuellen Problemen, Schwangerschaft oder Schwangerschaftsabbruch oder anderen typischen, einschneidenden Lebensereignissen in der Biografie einer Frau.

Die männliche Geschlechtsrolle hat vom Konkurrenzkampf, über sexuellen Potenzdruck bis hin zu emotionaler Isolation auch sehr viele Strukturen zu bieten, die psychische Störungen auslösen und fördern können. Für Männer ist die Auseinandersetzung mit ihren Rollenmustern ebenso nützlich. Mit wem sie das tun wollen, ist sehr unterschiedlich. Manche Männer gehen lieber zu Frauen in Therapie, weil sie die Erfahrung gemacht haben, dass Frauen einfühlsamer, verständnisvoller und akzeptierender sind. Andere bevorzugen Männer, weil sie ähnliche Erfahrungen voraussetzen und sich besser verstanden fühlen.

Da auch Therapeutinnen und Therapeuten ihre Geschlechtszugehörigkeit in der Therapie nicht »abschalten« können und immer in ihren Rollen verhaftet bleiben, wird sich das auf die Gestaltung der Therapie auswirken. Je intensiver und selbstkritischer sie sich mit ihren eigenen Geschlechtsrollen auseinandergesetzt haben, umso eher können sie die Rollenmuster erkennen, thematisieren und im therapeutischen Gespräch mit den Klienten konstruktiv einbringen.

Anfänger oder »alter Hase«?

Ein zentrales Merkmal für eine hochwertige Therapie ist die berufliche Qualifikation. Das schließt in der Regel Berufserfahrung durch praktische Tätigkeit ein. Damit eng verbunden ist die persönliche Motivation der Therapeutin für ihren Beruf und ihr Engagement. Hinzukommen kann ein akademischer Titel oder ein in der Berufshierarchie weit oben angesiedelter beruflicher Status. Klienten dürfen mit Recht davon ausgehen, dass ihnen z. B. ein Facharzt für Psychotherapie mit zahlreichen Veröffentlichungen zu einem Störungsbild eine »ordentliche« Therapie speziell in diesem Problembereich anbietet.

Titel und Status schaffen auf der Beziehungsebene schnell ein Oben-Unten-Gefälle. Das kann die Wirksamkeit der therapeutischen Interventionen positiv beeinflussen. Es bestärkt manche Klienten in der Überzeugung, dass ein Therapieangebot von so einer bedeutsamen Persönlichkeit auf jeden Fall helfen wird. Damit sind die Motivation und die Konfrontationsbereitschaft höher.

Einige Klienten haben gelernt, nur Autoritätspersonen mit viel Erfahrung zu vertrauen. Andere wiederum bevorzugen Fachleute, die ein eher partnerschaftliches Beziehungsangebot machen und auf andere vertrauensbildende Maßnahmen wie Verständnis und persönliche Zuwendung Wert legen.

Ein Titel oder hoher Status bietet jedoch keine Garantie für die Motivation des Therapeuten, für ein respektvolles Menschenbild, eine gute therapeutische Ausbildung und für mitmenschliches Interesse und hohes Engagement. Das traditionelle hierarchische Arzt-Patienten-Beziehungsmodell des medizinischen Versorgungssystems (»Halbgötter in Weiß«) prägt häufig nicht nur die Erwartungshaltung der Klienten, sondern auch das manchmal autoritäre Auftreten der Ärzte.

Oft begründen Ärzte dieses Auftreten mit der Verantwortung für den Patienten und dessen Wunsch nach Entlastung. Manche Betroffenen wollen keine genaue Auskunft über ihre Krankheit, weil sie befürchten, es nicht ertragen zu können. Das ist vermutlich dann der Fall, wenn die Betroffenen sich mit diesen Informationen allein gelassen fühlen und niemand sie bei der Bewältigung angemessen unterstützt. Sie haben nicht das Vertrauen, mit ihrem Schock oder dem Leid angemessen aufgefangen und mitgetragen zu werden. Die Fachleute machen in diesem Fall aus ihrem eigenen Versagen eine Unfähigkeit der Betroffenen.

Immer wieder ist zu hören, die fachlichen Vorgänge seien zu kompliziert und die Betroffenen wären mit ausführlichen Erklärungen überfordert. Dieses Argument lässt sich auch »umdrehen«: Viele Fachleute sind mit der angemessenen Übersetzung fachlicher Informationen in verständliche Sprache, auf die Klienten einen gesetzlichen Anspruch haben, überfordert. Selten wird darauf hingewiesen, dass die Rolle der wissenden und alles durchschauenden Retter dem Ego der Fachleute gut tut.

Wer Rettung in Aussicht stellt, egal ob im medizinischen oder psychologischen Bereich, läuft Gefahr, Abhängigkeit bei den Lösungssuchenden hervorzurufen und damit ihre Passivität zu fördern. Für die Psychotherapie ist das keine nützliche Haltung, weil nachhaltige Veränderung nur mit aktiven Patienten stattfinden kann.

Egal wie viele Therapieerfolge eine Therapeutin nachweisen kann, sagt das wenig über das Gelingen der einzelnen Therapie aus. Erfolge stärken sicher das Vertrauen der Klienten und ihre

Hoffnung auf Veränderung; auf die Qualität der therapeutischen Beziehung hat das keinen Einfluss. Es ist nachgewiesen, dass Berufsanfänger durch hohes Engagement und große Motivation den Mangel an therapeutischer Erfahrung ausgleichen.
Kurz nach dem Studium und der Therapieausbildung sind Therapeuten auf dem neuesten wissenschaftlichen Stand und verfügen über aktuelle Erkenntnisse zu den Therapiemethoden. Berufsanfänger planen Therapien oft gründlicher und sind sorgfältiger in der Durchführung. Ihr menschliches Interesse an den einzelnen Klienten ist sehr groß und sie bringen sich intensiv ein. Berufsanfänger lassen sich nicht nur in einer Supervision durch erfahrene Kollegen begleiten, sondern suchen darüber hinaus oft stärker den Austausch mit Kollegen. Der Wunsch, zusammen mit den ersten Klienten etwas zu lernen und zu entwickeln, lässt sie mit großem Einsatz und großer Energie arbeiten.
Bei den Therapeuten, die aus der Ausbildung kommen und sich gerade niedergelassen haben, sind die Wartezeiten oft kürzer und es ist schneller ein Therapieplatz verfügbar.

Außer den von den gesetzlichen Krankenkassen finanzierten Therapieverfahren Verhaltenstherapie, Psychoanalyse und tiefenpsychologisch fundierte Psychotherapie gibt es noch die humanistische Psychotherapie, die systemischen Ansätze und viele mehr. Je nach Zählweise kann man auf bis zu 300 Verfahren kommen. Die Therapierichtungen unterscheiden sich hinsichtlich einiger grundsätzlicher Punkte. So sind die grundlegenden Vorstellungen, wie die menschliche Existenz materiell, emotional und gedanklich in der Welt verankert ist (Weltsicht) sehr verschieden. Auch die Modelle zur Entwicklung der Persönlichkeit eines Menschen differieren, so wie die Entstehung, Aufrechterhaltung und Auswirkungen von Störungen (Störungskonzepte) anders beschrieben und erklärt werden. Daraus folgt, dass auch die Kernprinzipien, die Veränderungsmodelle und die Methoden (Interventionsstrategien) unterschiedlich sind.

Trotz der unterschiedlichen theoretischen Grundannahmen und Schlussfolgerungen gibt es in der Praxis viele Überschneidungen und »Anleihen«. Während die Verhaltenstherapie ihre Stärken in Konzepten zur konkreten Bearbeitung aktueller Probleme hat, liefert die Psychoanalyse – über die Lerntheorien der Verhaltenstherapie hinaus – plausible Erklärungsmodelle für die Entstehung von Störungen in der Kindheit und bietet hilfreiche Deutungen der Beziehungsstrukturen zwischen Klienten und Therapeuten. Die humanistischen Therapien legen Wert auf eine ganzheitliche Betrachtung des Menschen, der nach Selbstverwirklichung strebt. Die systemischen Ansätze stellen das Individuum in den Kontext von Systemen wie Familie, Arbeitswelt oder Freizeit.

Die gängigsten psychotherapeutischen Angebote

Hintergrund und Therapierichtung	Kassenfinanzierung
Psychoanalyse	
— Analytische Psychotherapie	ja
— Tiefenpsychologisch fundierte Psychotherapie	ja
Lerntheorien und Kognitionspsychologie	
— Kognitive Verhaltenstherapie	ja
Humanistisches Menschenbild	
— Gesprächspsychotherapie	nein
— Psychodrama und andere Verfahren	nein
— Gestalttherapie	nein
Systemische Theorien	
— Systemische Familientherapie	nein
— Paartherapie, Einzeltherapie	nein
Ergänzender Verfahren	
— Hypnotherapie	z. T. als ergänzendes Verfahren
— EMDR	ja, bei PTBS
Übungsorientierte Verfahren	
— Progressive Muskelentspannung	ja
— Autogenes Training	ja

Gerade wegen der unterschiedlichen Schwerpunkte kann es in der Praxis sehr hilfreich sein, ergänzende Aspekte in die therapeutische Arbeit zu integrieren. Dennoch ist es wichtig, dass Therapeuten eine klar beschreibbare Basistherapierichtung verfolgen. Eine »wilde« Mischung, bei dem von jedem Ansatz ein bisschen in der Therapie auftaucht, aber Grundkonzept und Struktur fehlen, ist nachweislich wenig erfolgversprechend.

Die kognitive Verhaltenstherapie

Die Verhaltenstherapie orientiert sich von allen Therapierichtungen am stärksten an den Naturwissenschaften. Sie legt großen Wert auf wissenschaftliche Überprüfbarkeit ihrer Theorien und Konzepte. Zu Beginn des 20. Jahrhunderts wurde die rein subjektive Introspektion (eine Versuchsperson berichtet über ihr Innenleben) erweitert durch den forschungsmethodischen Ansatz des Behaviorismus. Dieser setzte sich zum Ziel, menschliches Erleben und Verhalten experimentell und objektiv zu erforschen und daraus Modelle, Theorien und Konzepte für die Praxis zu entwickeln.

Diese naturwissenschaftliche Weltsicht hat das Menschenbild geprägt. Das sichtbare Verhalten und das diesem zugrunde liegende Denkmuster stehen in der kognitiven Verhaltenstherapie im Mittelpunkt. Der Mensch wird gesehen als ein auf der Basis seiner biologischen Ausstattung von Beginn an lernendes Wesen. Störung ist demnach immer auf etwas im Laufe der Entwicklung falsch Gelerntes zurückzuführen. Die Interventionsstrategien in der Therapie zielen deshalb vom Prinzip her darauf ab, die »Lernfehler« zu korrigieren und neue, brauchbarere, für das Leben hilfreichere Muster des Erlebens und Verhaltens zu erlernen.

Da menschliches Verhalten und Erleben ausgesprochen komplex ist und permanent komplizierte Wechselwirkungen im Innenleben sowie mit der Außenwelt stattfinden, kommt Verhaltenstherapie letztendlich jedoch mit der Anwendung von Lerntheorien allein nicht aus.

Entwicklung der Verhaltenstherapie

Anders als in der Psychoanalyse gibt es bei der Entstehung der Verhaltenstherapie nicht einen »Erfinder« wie Sigmund Freud, sondern viele »Entdecker«. Auf der Basis von Iwan Pawlows (1849–1936) Arbeiten zum »bedingten Reflex« und dem Modell vom »klassischen Konditionieren«, entwickelte John Watson (1878–1958) den Behaviorismus. Andere Forscher, wie der Amerikaner Edward L. Thorndike, haben mit ihrer Grundlagenforschung in der Tierpsychologie erheblich zur Weiterentwicklung beigetragen.

Verhalten wird von Behavioristen als eine Kette von Reiz-Reaktionsmustern (Clark L. Hull) gesehen, die nach einem festgelegten Grundmuster ablaufen. Durch gezielte Verstärkung (Belohnung) steigt die Wahrscheinlichkeit, eine erwünschte Reaktion zu erhalten (Joseph Wolpe, Burrhus F. Skinner).

Die lerntheoretischen Konzepte wurden im Laufe der Zeit immer komplexer und berücksichtigten mehr und mehr die nicht unmittelbar sichtbaren Prozesse des menschlichen Denkens, Fühlens, Bewertens und Steuerns, so dass die moderne Verhaltenstherapie fast nur noch in Kombination mit kognitionspsychologischen Methoden angewendet wird. Diese Entwicklung hat zu der Bezeichnung »kognitive Verhaltenstherapie« geführt. Ein wichtiges Konzept ist dabei das Lernen am Modell (Albert Bandura). Menschen sind in der Lage, etwas durch reine Beobachtung zu lernen, ohne es selber auszuführen. Besonders komplexe Erlebens- und Verhaltensmuster werden auf diesem Weg erworben oder verändert.

Ein weiterer Schritt war die Entwicklung des Konzepts des verdeckten Konditionierens (Joseph Cautela). Es besagt, dass

Problemverhalten allein durch die Imagination von Belohnung oder Bestrafung in der Vorstellung verändert werden kann.

Die inneren kognitiven und emotionalen Prozesse rücken seit ca. 1950 immer mehr in den Mittelpunkt der Verhaltenstherapie. Wissenschaftler und Praktiker wie Albert Ellis, Donald Meichenbaum oder Aron T. Beck haben die therapeutische Landschaft maßgeblich geprägt. Den verschiedenen Praxismodellen gemeinsam ist die Erkenntnis, dass menschliches Erleben und Handeln von einem gedanklichen inneren Dialog begleitet wird. Diese gedanklichen Selbstgespräche werden gespeist von den Wertvorstellungen, Bewertungen und Einstellungen des Individuums. Je nachdem, wie ein Ereignis aufgrund der gelernten kognitiven Muster bewertet wird, kommt es zu positiven oder negativen Gefühlen. Bei der Veränderung dieser Bewertungen kann nun der therapeutische Prozess ansetzen. Aaron Beck hat z. B. typische Denkfehler von depressiven Menschen herausgearbeitet, die im Laufe der Therapie beobachtet, zugeordnet, neu bewertet und verändert werden können. Die Verhaltenstherapie öffnet sich zunehmend auch anderen Methoden. Die Hypnotherapie (vgl. das entsprechende Kapitel) findet immer häufiger Eingang in die therapeutische Praxis.

Mit dem Ansteigen von Klienten mit Essstörungen hat sich gezeigt, dass gerade für diese Menschen der Einsatz von körpertherapeutischen Verfahren hilfreich sein kann. Auch dafür zeigen sich viele Verhaltenstherapeuten in der Praxis offen.

Die Diskussion der letzten Jahre um die übergreifenden Wirkfaktoren aller Therapierichtungen hat gezeigt, dass Offenheit gegenüber Elementen anderer Therapieschulen auf der Basis eines klaren Therapiekonzeptes für die Klienten sehr nützlich sein kann.

Die Beziehungsgestaltung

Gegen Ende des 20. Jahrhunderts wurde dem »Selbstmanagement« eine immer größere Bedeutung zugeschrieben, damit ist die Unterbrechung von wenig hilfreichen Automatismen und der Erwerb von neuen Erlebens- und Verhaltensmuster durch selbst gesteuerte und selbst verantwortete Veränderungsstrategien gemeint. Die Klientin wird mit Unterstützung der Therapeutin zur Expertin für Modifikation des eigenen Erlebens und Verhaltens.

Zunehmend häufiger fallen auch die Begriffe »Lösungs- und Ressourcenorientierung«. Ansatzpunkte für die Veränderung eines Verhaltensmusters sind die Fähigkeiten und Fertigkeiten der Klienten. Eine Analyse der bestehenden Kompetenzen und ihre Nutzung für die Lösung auftretender Probleme ist ein Basisangebot jeder Verhaltenstherapie.

In der Psychoanalyse spielt die Beziehung zwischen Therapeuten und Klienten als Aktionsfeld für die Bearbeitung von Problemen eine wichtige Rolle. Die Verhaltenstherapie hat diesem Aspekt lange wenig Aufmerksamkeit geschenkt. Dies hat sich in den letzen Jahren geändert. Therapie ist mehr als die Anwendung wissenschaftlich geprüfter Techniken. Die Beteiligten können sich als Personen mit ihren jeweiligen Eigenschaften nicht heraushalten. Es gibt keine objektive unpersönliche Kommunikation und schon gar keine solche Therapie.

In der Verhaltenstherapie wird das Thema Beziehung weniger von der psychodynamischen Seite mit Begriffen wie »Übertragung« und »Gegenübertragung«, »Projektion« usw. beschrieben, sondern eher aus der Perspektive von Kommunikation. Auf welche Weise treten Therapeutin und Klientin miteinander ins

Gespräch? Welche verbalen und nichtverbalen Appelle oder Botschaften sendet die Klientin an die Therapeutin? »Rette mich, ich bin schwach!«?

Untersuchungen zeigen immer wieder, dass die Therapie dann erfolgversprechend ist, wenn die »Chemie stimmt«. Das allein reicht natürlich nicht. Therapeuten haben die Aufgabe, die Beziehung so zu gestalten, dass sie hilfreich für die Betroffenen ist. Den »Rette-mich-Appell« auf Dauer anzunehmen, würde bedeuten, die Klienten schwach zu halten. Das kann nicht das Ziel sein. Die Selbstreflexion der Therapeuten über das jeweilige gegenseitige Beziehungsangebot muss also den Therapieprozess immer begleiten.

Einige Prinzipien der Verhaltenstherapie

Menschen lernen ihr Leben lang. Manche haben durch schwierige Bedingungen Verhaltens- und Erlebensmuster entwickelt, mit denen sie sehr unglücklich sind oder den Alltag nicht meistern können. Therapie besteht darin, untaugliche Muster zu löschen und neue, brauchbarere Muster aufzubauen. In der Verhaltenstherapie wird großer Wert auf eine Analyse der bestehenden Probleme und eine entsprechende Diagnose gelegt. Mit Hilfe von verschiedenen Modellen wird ein genaues Bild über die Entstehungsbedingungen, die auslösenden und aufrechterhaltenden Mechanismen des Problems erarbeitet. Dabei wird eine konkrete Problemsituation mit den entsprechenden Gedanken, Gefühlen, Körperabläufen, Reaktionsmustern und den daraus resultierenden Konsequenzen genau beschrieben. Wo ist das Problem wie entstanden, wann tritt es unter welchen Bedingungen wieder auf? Welche Gedanken und Gefühle werden dabei ausgelöst, welche Folgen ergeben sich daraus? Wie genau funktionieren z. B. depressive Denkmuster? Wie sieht das konkrete Ziel der Veränderung aus? Was kann in kleinen Schritten anstelle des Problemverhaltens gesetzt werden? Gemeinsam werden Strategien für den Alltag erarbeitet. Veränderung findet hauptsächlich zwischen den Sitzungen statt. Der Klient oder die Klientin ist selber dafür verantwortlich, Ziele zu definieren, erarbeitete Schritte auszuprobieren und zu üben. Die aktive, selbstverantwortliche Rolle steht im Zentrum des Veränderungsmodells der kognitiven Verhaltenstherapie.

Bei Traumatisierungen, die in der Kindheit entstanden sind, z. B. bei sexuellem Missbrauch, werden diese Gewalterfahrungen in den Mittelpunkt gestellt und mit unterschiedlichen Methoden bearbeitet. In der Psychoanalyse stehen die frühkindliche Entwicklung und die Elternbeziehung immer im Mittelpunkt der therapeutischen Sitzung, unabhängig davon, ob ein bestimmtes Trauma in der Kindheit vorliegt. In der Verhaltenstherapie werden vergangene Traumatisierungen nach einem ähnlichen Prinzip bearbeitet wie aktuelle Störungen.

Ausgewählte Elemente der Verhaltenstherapie

Ein zentrales Element der verhaltenstherapeutischen Praxis stellt z. B. die systematische Desensibilisierung (SD) dar. Die alte Reiterweisheit »Wer vom Pferd fällt, muss gleich wieder aufsteigen« trifft das Grundprinzip, konsequent das zu tun, wovor die Klientin/der Klient am meisten Angst hat. Die systematische Desensibilisierung wird z. B. bei Ängsten, Zwängen, Suchtverhalten und psychosomatischen Störungen eingesetzt. Wenn jemand nach einem Autounfall Angst hat, wieder selbstständig zu fahren, dann ist eine systematische Desensibilisierung sinnvoll. Zentrale Bausteine sind die Erstellung einer Angsthierarchie und die Einübung eines Entspannungsverfahrens (z. B. Autogenes Training oder Progressive Muskelentspannung, vgl. die Kapitel dazu). In der Angsthierarchie wird eine schrittweise Annäherung an das gefürchtete Ziel, wieder allein Auto zu fahren, erarbeitet. Ein erster Schritt könnte sein, sich nach Abklingen der Schockphase hinter das Steuer des Autos zu setzen. Langsam wird das Fahrverhalten wieder aufgebaut und in kleinen Schritten geübt. Dies kann in der Vorstellung geschehen und auch in der Realität. Die Muskelentspannung wird der Angst entgegengesetzt.

Eine Variante dieses Grundprinzips stellt die massive Konfrontation (Flooding) dar. Bei dieser Methode setzt sich die Klientin dem angstauslösenden Objekt direkt aus, ohne die Möglichkeit, dem Objekt aus dem Weg zu gehen oder den Versuch abzubrechen. Dies geschieht so lange, bis die Angst von alleine weniger wird. Bei beiden Verfahren ist eine vertrauensvolle und stabile Beziehung zwischen Therapeuten und Klienten unabdingbar. Die Entscheidung, die Konfrontation zu wagen, bleibt immer bei dem Klienten.

Konkrete Probleme brauchen konkrete Lösungen

Die Verhaltenstherapie bietet Veränderungsmodelle und Methoden, die sich stark an konkreten Problemlagen orientieren. Je früher jemand nach dem Entstehen eines Problems in die Therapie kommt, umso größer ist die Wahrscheinlichkeit, dass es schnell und vollständig gelöst werden kann. Manche Menschen haben ein ganzes Bündel von Problemen, mit denen sie schon

sehr lange leben. Manche erleben sich meistens als unglücklich und das in fast allen Lebensbereichen. Hier stellt sich wieder die Frage nach dem Ziel, das mit einer Therapie verfolgt wird. Möchte sich jemand über einen langen Zeitraum auf eine grundlegende Veränderung seines alltäglichen Lebens und seiner persönlichen Überzeugungen einlassen oder geht es darum, einzelne Problembereiche wie Sexualstörungen, konkrete Ängste, Zwangsverhalten oder Zwangsgedanken, Somatisierungsstörungen oder Suchtverhalten anzugehen?
In der Verhaltenstherapie wird das Zentrum der Veränderung im Hier und Jetzt angesiedelt. Menschen haben konkrete Probleme, für deren Lösung im Alltag eine brauchbare Strategie nötig ist. Je nach Störungsbild wird der Schwerpunkt auf einen bestimmten Ausschnitt im Erlebens- und Verhaltensmuster gelegt. Fast immer ist die Lösung von Problemen und Konflikten mit Veränderungen im Kommunikationsverhalten verbunden. Wichtig ist dabei wieder die konkrete Erarbeitung eines Problemmusters. Eine Frau mit einer Depression ist vielleicht unter anderem nicht in der Lage, das abendliche Fernsehprogramm in ihrer Familie mitzubestimmen, weil sie Angst vor Konflikten hat. Sie glaubt nicht, dass ihre Wünsche ernst genommen werden oder ihr Eingreifen überhaupt Wirkung zeigen würde. Sie befürchtet eine negative Reaktion ihrer Familie und hat Angst vor Ablehnung. Sie fühlt sich isoliert, ausgeliefert und hilflos. Sie bleibt passiv und entzieht sich damit mehr und mehr die Möglichkeit positiver Erfahrungen, was früher oder später zu Depressionen führen kann.
Dieses Muster wird in der Verhaltenstherapie-Sitzung aufgedeckt und genau beschrieben. Dabei kommt auch zur Sprache, wie das Muster vielleicht in der Kindheit in der Familie entstan-

den sein könnte, wie es im Erwachsenenleben weiter reproduziert wurde und wie es immer wieder zu Problemen führte. Ein Lösungsmodell wird vorgestellt, konkrete Möglichkeiten, wie die Klientin ihre Wünsche wahrnehmen, äußern und durchsetzen kann, werden schrittweise erarbeitet und vielleicht im Rollenspiel mit der Therapeutin ausprobiert. Wichtig ist die Umsetzung im Alltag. Die Erfahrungen mit dem Experiment werden besprochen, die Strategien verworfen, verändert oder erweitert. In der Regel kommt es schnell zu neuen Erfahrungen, was sowohl zu einer positiven Verstärkung des neuen Verhaltens führt als auch das Selbstwertgefühl verbessert.

Aufbau von sozialer Kompetenz

Menschen, die sich in sozialen Situationen – egal welcher Art – unsicher, ängstlich, angespannt oder gehemmt fühlen, haben in der Regel eine sehr viel niedrigere Lebensqualität, weil sie sich an vielen gesellschaftlichen Ereignissen nicht beteiligen oder gar sozial völlig isoliert leben. Dieser Zustand kann so beeinträchtigend sein, dass er die Qualität einer Krankheit bekommt. Betroffene nehmen z. B. nicht an Fortbildungen teil, gehen nicht auf Feste und vermeiden Gespräche mit Verkäuferinnen. Im Laufe der Zeit werden immer mehr Lebensbereiche betroffen und die Angst erscheint immer unüberwindbarer.

Ein Training zum Aufbau von sozialen Kompetenzen, entweder in der Einzeltherapie oder auch in einer Therapiegruppe, kann Abhilfe schaffen. Eine genaue Analyse des Problemverhaltens stellt auch hier wieder den ersten Schritt dar. Die Frage, wie und wann die soziale Angst entstanden sein könnte, spielt ebenfalls eine wichtige Rolle. Je nachdem werden unterschiedliche Methoden zum Einsatz kommen. Vielleicht ist auch eine Traumabearbeitung erforderlich, weil eine sehr einschneidende und bedrohliche Situation die Ängste ausgelöst hat. Genauso können viele banale negative Erfahrungen in großer Angst vor Kontakten kumulieren. In jedem Fall müssen die kognitiven Pläne, die Denkmuster, die hinter der sozialen Unsicherheit stehen, wie z. B. die Angst, Fehler zu machen oder vor anderen schlecht dazustehen, herausgearbeitet und durch alternative Modelle ersetzt werden.

Soziale Kompetenzprobleme müssen aber nicht zwangsläufig etwas mit Ängsten zu tun haben. Auch ein sehr dominantes Verhalten, das andere Menschen abschreckt, deutet auf einen Mangel an sozialen Kompetenzen hin. Bei aggressiven Verhaltensmustern, Neigung zu Gewalttätigkeiten oder Ausbeutung anderer Menschen spielt neben vielen anderen Aspekten ebenfalls fehlende soziale Kompetenz eine große Rolle.

In der Regel definieren sich die konkreten Ziele eines sozialen Kompetenztrainings durch den Wunsch der Klienten, wie sie sich in ihrem sozialen Umfeld bewegen möchten. Danach werden Schritte zur Zielerreichung anhand ganz konkreter Situationen festgelegt. Vielleicht wird das gewünschte Verhaltensmuster in der Fantasie durchgegangen, die auftretenden Gedanken und Gefühle werden besprochen. Es kann hilfreich sein, die Problemsituation mit Lösung als Rollenspiel in der Therapiesitzung zu inszenieren. Je nach Bedarf wird das Verhaltensexperiment im konkreten Alltag vorbereitet. Zum Schluss kommt der Tag X, an dem z. B. die Klientin von der Nachbarin ihren Wohnungsschlüssel zurückfordert, den diese nach dem Urlaub nicht zurückgegeben hat. Oder die Klientin nimmt endlich an dem Fortbildungsseminar teil, das für ihr berufliches Fortkommen wichtig ist. Soziale Kompetenz hat etwas mit Abgrenzung, Durchsetzung und Kommunikation zu tun. Die einzelnen Verfahren bieten oft unterschiedliche Ansatzpunkte für sich überschneidende Problemlagen.

Psychoanalyse

Die Psychoanalyse, die Sigmund Freud (1856–1939) zu Beginn des 19. Jahrhunderts begründet hat, ist die erste systematisch beschriebene Psychotherapie überhaupt.

Freud hat ein dreistufiges Strukturmodell der Persönlichkeit entwickelt: Das Es, das Ich und das Über-Ich beschreiben unterschiedliche Persönlichkeitsanteile. Die innersten, unkontrollierten Triebe und Körperenergien werden als das Es bezeichnet. Das Über-Ich repräsentiert die übergeordneten normativen Instanzen, beinhaltet moralische Regeln und Gesetze (Gewissen) und hält das anarchistische Es unter Kontrolle. Das Ich stellt die Entscheidungsinstanz zwischen gierig drängenden Es-Impulsen und streng kontrollierenden Über-Ich-Grenzen dar, es stellt den Kompromiss her zwischen der notwendigen individuellen Bedürfnisbefriedigung und den Ansprüchen des Gemeinwesens, die z. B. durch gesellschaftliche Normen vertreten werden.

Dem Es wiederum hat Freud einen konstruktiven und einen destruktiven Trieb zugeordnet. Grundsätzlich unterscheidet er zwischen »Eros«, dem Liebestrieb, und »Thanatos«, dem Todestrieb. Eros ist der Fortpflanzungstrieb, der nach dem Lustprinzip funktioniert. Als »Libido« wird die Energie bezeichnet, die von diesem Trieb gespeist wird.

Quellen der Libido sind die unterschiedlichen erogenen Zonen. Die Libido macht im Laufe des Heranwachsens einen Veränderungsprozess durch. Je nach Alter gewinnt eine weitere erogene Zone Bedeutung für die Bedürfnisbefriedigung. In der oralen Phase z. B. ist der Mund (Saugen an der Mutterbrust) die erste und wichtigste erogene Zone. Die orale Phase wird abgelöst von der analen Phase, wo es zusätzlich um Lustgewinn bei der Ausscheidung geht. Die phallische Phase (nur bei Jungen!) und die genitale Phase in der Pubertät markieren dann den Übergang zu einer auf andere Personen gerichteten Form von Sexualität.

Mit dem Todestrieb Thanatos versucht Freud die zerstörerischen Energien des Menschen (gegen sich selber und andere) zu erklären. Wenn sich diese destruktive Energie nach außen wendet, wird von Aggression gesprochen. Freud geht bereits davon aus, dass es krank macht, wenn Aggressionen zu sehr unterdrückt werden und nicht zum Ausdruck kommen. Obwohl der Triebbegriff populärwissenschaftlich häufig verwendet wird, spielt Freuds Trieblehre in der modernen Psychotherapie keine zentrale Rolle mehr.

Anders ist es mit der Hypnose. Freud selber hat sich von der Hypnose als therapeutischem Mittel relativ bald verabschiedet. Die Erwartung, einen Menschen durch Suggestion heilsam manipulieren zu können, hatte sich in dieser Form nicht erfüllt. In der Hypnotherapie wird diese Idee jedoch mit anderen Mitteln ganz erfolgreich weiterverfolgt (siehe dort).

Psychoanalytische Schulen

Von einigen Schülern Freuds wurden verschiedene theoretische Konzepte zu eigenständigen Verfahren mit unterschiedlichen Schwerpunkten entwickelt. Der Individualpsychologe Alfred

Adler (1870–1937) z. B. prägte Begriffe wie »Minderwertigkeitsgefühl« und »Geltungsstreben«. Er schrieb den sozioökonomischen Bedingungen einen erheblichen Einfluss auf die Entwicklung individueller Störungen zu. Adlers Theorien sind auch eine Grundlage der humanistischen Therapien.

Carl Gustav Jung (1875–1961) grenzte sich schon relativ früh von Freund ab. Er verstand unter Libido nicht nur den reinen Sexualtrieb, sondern den psychischen Antrieb generell. Für ihn war die Entwicklung des Individuums darauf ausgerichtet, die individuell angelegten Strukturen in einem Prozess der Selbstverwirklichung zur Geltung zu bringen. Über das individuelle Unbewusste hinaus beschreibt er das »kollektive Unbewusste« mit seinen Archetypen als kulturell übergreifende Gemeinsamkeiten unbewusster Inhalte.

Ein weiteres tiefenpsychologisch begründetes Therapieverfahren ist die Transaktionsanalyse von Eric Berne (1910–1970). Häufig auftauchende Begriffe wie »Kind-Ich« (unkontrollierter, frühkindlich geprägter emotionaler Anteil der Persönlichkeit), »Erwachsenen-Ich« (kognitive, rationale Steuerung) und »Eltern-Ich« (erlernte Wertvorstellungen und Normen) entstammen diesem Ansatz. In einem genau festgelegten Verfahren (Strukturanalyse, Kommunikationsmodell, Spielanalyse, Skriptanalyse) wird eine Diagnose der Persönlichkeitsgrundmuster erstellt. Im therapeutischen Prozess geht es dann um die Offenlegung und Veränderung der dysfunktionalen Strukturen. In der Transaktionsanalyse wird die Ganzheitlichkeit und Einzigartigkeit der Person stark betont und das Wachstum der Persönlichkeit durch Selbstverwirklichung und Übernahme von Eigenverantwortung gefördert. Damit zeigt sich eine große Nähe zur humanistischen Psychologie.

Neben den sogenannten Freudianern gewannen die Neoanalytiker im Laufe der Zeit eine immer größere Bedeutung. Karen Horney z. B. hat schon sehr früh den sozialpsychologischen Aspekten und Umwelteinflüssen eine wichtige Rolle bei der individuellen Entwicklung zugeschrieben. Aus dieser Richtung wurde auch immer wieder eine Verkürzung der langen Psychoanalysen für notwendig erachtet. Andere Psychoanalytikerinnen wie z. B. Anna Freud, Melanie Klein oder Virginia Axline haben die Entwicklung der Psychoanalyse ebenfalls maßgeblich geprägt. Erst in den letzten Jahrzehnten wurde ihre Arbeit entsprechend gewürdigt.

Wie schon eine kleine Auswahl aus der großen Zahl der Schüler und Schülerinnen Freuds zeigt, gibt es »die« Psychoanalyse nicht, sondern viele unterschiedliche Richtungen. Je nach Interesse und Zeitgeist wurde die Psychoanalyse weiterentwickelt.

Psychoanalytische Begriffe

Einige zentrale Begriffe aus der Psychoanalyse wie z. B. »Unterbewusstsein«, »Neurose«, »Verdrängung« oder »Traumdeutung« haben dabei Eingang in die Alltagssprache gefunden, und es hat sich ein lockerer, oft missverständlicher Umgang mit ihnen entwickelt. In einer psychoanalytischen Therapie haben diese Begriffe aber eine spezifische Bedeutung und machen nur im Zusammenhang mit dem Gesamtmodell Sinn.

Das analytische Modell geht von der Annahme aus, dass es bei einer frühkindlichen psychosexuellen Fehlentwicklung in der Pubertät und im Erwachsenenalter zu einer Störung kommen kann, die als Neurose sichtbar wird. Wenn z. B. in der Sauberkeitserziehung beim Kleinkind sehr viel Druck ausgeübt wird und das Kind diese Fremdkontrolle mit viel Wut und Angst erlebt, kann das ein Baustein für die Entwicklung von zwanghaften Persönlichkeitszügen bis hin zu einer Zwangsneurose sein. Bei diesem Kind hat eine Fixierung (Hemmung in der psychosexuellen Entwicklung) in der analen Phase stattgefunden. Wenn es im Erwachsenenalter zu schweren Frustrationen und Konflikten kommt, dann wird auf diese Fixierungen zurückgegriffen. Diese Regressionen sind Wiederbelebungen früherer Entwicklungsstufen. Sie werden als »unreifes« und nicht angemessenes, neurotisches Verhalten im Erwachsenenalter sichtbar. Gleichwohl gibt es keine fachliche, international gültige Definition von Neurose im Sinne einer Diagnose, wie es etwa die Depression, die Psychose oder die Essstörung ist. Trotzdem wird häufig von einer Neurose gesprochen, meistens dann, wenn weder eine klar definierbare Psychose noch eine organisch bedingte psychische Veränderung vorliegen, die psychischen Probleme aber über eine eingegrenzte Verhaltensstörung hinausgehen.

Das Unterbewusstsein ist eine komplexe, vernetzte Gedächtnisstruktur, die im Alltag nicht ohne weiteres bewusst abrufbar ist. Dennoch ist sie wirksam und beeinflusst unser Erleben und Verhalten maßgeblich. Die im Unterbewusstsein befindlichen emotionalen Traumata (unbewältigte, sehr belastende Erfahrungen), die meistens aus der Kindheit stammen, müssen bewusst gemacht und die daraus resultierenden Konflikte gelöst werden, um zu einem zufriedenen Erleben und sinnvollen Verhalten zu gelangen.

Bei der Therapie von Traumata werden auch die familiären und soziokulturellen Bedingungen berücksichtigt. Die auftretenden Symptome werden durchgearbeitet, integriert und damit aufgehoben. Es kommt zu Übertragungen, d.h. der Klient verhält sich dem Therapeuten gegenüber so, wie er sich z.B. in der Kindheit dem dominanten Vater gegenüber verhalten hat. Im therapeutischen Prozess werden unbewusste Konflikte in der aktuellen Beziehung zum Therapeuten wiedererlebt und ausgedrückt (Übertragungsbeziehung). Der Klient wiederholt also mit dem Therapeuten Beziehungsmuster, die z.B. auf einer frühkindlichen Traumatisierung beruhen. Dabei werden möglicherweise bestimmte Abwehrmechanismen wie Verdrängung, Projektion und Verleugnung sichtbar. Der Therapeut bringt seine Wahrnehmung in das therapeutische Gespräch ein. Wenn der Klient diese Wahrnehmung nicht aufgreift oder ärgerlich zurückweist, kann dies als Widerstand gedeutet werden, sich den unbewussten Inhalten des Gedächtnisses zu stellen. Dieses Konzept ist nicht unumstritten, weil damit jede Art von Grenzsetzung – auch durchaus berechtigte – als neurotische Strategie abgetan werden kann.

Was geschieht in einer psychoanalytischen Sitzung?

Psychoanalyse ist in sehr hohem Maß eine Frage des persönlichen Stils. In unterschiedlich orientierten Ausbildungsinstituten wird eine eigene Arbeitsweise vermittelt, die wiederum stark von der Persönlichkeit des Therapeuten geprägt ist. Von daher finden die Methoden sehr individuelle Ausprägungen, einige allgemeine Grundzüge sind jedoch zwingend.
Die Zusammenarbeit zwischen Klienten und Therapeuten beruht auf mehreren Elementen. Die Klienten bekommen liegend oder sitzend einen offenen Raum zur Verfügung gestellt, in dem sie möglichst viele Aspekte ihrer persönlichen Geschichte in

freier Assoziation darlegen sollen. Dabei kommen meistens zentrale Aspekte der kindlichen Entwicklung, der Beziehung zu den Eltern, zu den Geschwistern oder anderen bedeutsamen Menschen zur Sprache.

Jede Art von führendem oder direktem Eingreifen durch die Therapeuten wird als Manipulation betrachtet. Die Analytiker halten sich zurück und unterstützen gleichzeitig den Selbstreflexionsprozess. Sie bieten Anteilnahme und Schutz und bringen Erklärungsmodelle und Deutungen ein, die helfen können, bedrohliche Gefühle und schmerzliche Erinnerungen zu ertragen, zu verstehen und zu verarbeiten.

In der Therapie geht es oft um Emotionen wie Scham, Wut, Angst, Hass, Neid, Gier – alles menschliche Gefühle, die aber einen »schlechten Ruf« haben, gern tabuisiert werden und daher bevorzugt in der Verdrängung wirken. Das Ziel ist es, aus den verbalen und nonverbalen Botschaften die unbewussten Konflikte und neurotischen Strukturen herauszufinden.

Freud hat der Analyse der Träume als Botschafter des Unbewussten in seinen Therapien einen großen Stellenwert eingeräumt. In der neueren Psychoanalyse ist die Traumdeutung mit den von Freud vorgegebenen Bedeutungsschemata nicht sehr verbreitet. Bei der Deutung haben die begleitenden Emotionen eine größere Bedeutung als die Symbolik der Trauminhalte.

Stattdessen spielen heute das aktuelle Erleben und Verhalten eine wichtige Rolle. In der modernen Psychoanalyse geht es keineswegs ausschließlich um das Ereignisfeld Kindheit, sondern immer wieder auch um die konkrete Lebenssituation. In der Verarbeitung gegenwärtiger Erlebnisse reflektieren sich alle Anteile der Persönlichkeit und sind daher auch Gegenstand der Therapie.

Die Therapie ist ergebnisoffen, ohne Zielklärung, Ratschläge oder Verhaltensexperimente. Die Veränderung des Bewusstseins läuft über einen dynamischen Prozess von sich öffnen, Gefühle intensiv wahrnehmen und sich damit zeigen, Einsichten gewinnen, sich neu organisieren und dann anders fühlen, denken und verhalten.

In diesem Prozess spielt die Beziehung zwischen Klientin und Therapeutin als Spiegelung der Beziehungsmuster aus der Kindheit eine wichtige Rolle. Die sogenannte Übertragungsbeziehung mit Projektion, Übertragung und Gegenübertragung wird als wichtiges therapeutisches Mittel genutzt. Je nachdem, wie sich die therapeutische Beziehung konstruiert, werden sich typische Muster, mit denen die Klientin immer wieder zu tun hat oder gar scheitert, auch in der Beziehung zwischen Therapeutin und Klientin zeigen. Die Aufgabe der Therapeutin ist es, ihre Wahrnehmungen der Klientin hilfreich zur Verfügung zu stellen.

Eine klassische Psychoanalyse beansprucht viel Zeit, weil die Klientin nicht bewusst auf die Suche nach konkreten Lösungen geht, sondern über die Aktivierung des Unterbewusstseins im Gespräch und im Gefühlsaustausch mit der Therapeutin eine hilfreiche Neuordnung ihrer inneren Strukturen anstrebt, die dann die Probleme, die die Klientin in die Therapie gebracht haben, quasi miterledigt.

---- Tiefenpsychologisch fundierte Psychotherapie

Diese Therapieform basiert auf ähnlichen psychodynamischen Grundannahmen wie die Psychoanalyse, geht jedoch in der Praxis eigene und kürzere Wege. Schon einige Schüler Sigmund

Freuds führten analytische Kurztherapien durch, z. B. Sandro Ferenczi, Otto Rank und Franz Alexander. Je nach methodischer Ausrichtung wird von »tiefenpsychologischer Kurztherapie / Beratung« oder auch von »Fokaltherapie« gesprochen. Für beide Methoden konnte in wissenschaftlichen Studien eine hinreichende Wirksamkeit nachgewiesen werden und so erkennen auch »klassische« Psychoanalytiker die Existenzberechtigung dieser Methoden zunehmend an und nutzen sie oft auch.

Die tiefenpsychologisch fundierte Psychotherapie geht davon aus, dass psychische Störungen und Krankheiten aufgrund von Fehlentwicklungen in der Kindheit entstehen. Außerdem wird angenommen, dass körperliche Anlagen, die vererbt oder erworben sein können, eine gewisse Rolle spielen. Menschen richten sich in ihrem Leben in der Regel mit ihren Belastungen ein. Wenn das nicht gelingt, weil die Fehlorganisation zu groß ist oder in Krisensituationen die Strategien nicht tragfähig genug sind, dann kann es zu behandlungsbedürftigen psychischen Erkrankungen kommen.

Der betroffene Mensch fühlt sich unglücklich, gerät unter Leidensdruck und entwickelt Symptome. In der Therapie wird versucht, den Kernkonflikt zu identifizieren und herauszuarbeiten, nach welchen automatisch ablaufenden inneren Plänen der Betroffene fühlt, denkt und handelt. Die Diagnose, die daraus resultiert, und die therapeutische Vorgehensweise orientieren sich an den Erkenntnissen der Psychoanalyse. Die Therapie besteht nun darin, die dysfunktionalen Anteile aufzudecken, bewusst zu machen und Alternativen zu entwickeln. Anders als bei der Psychoanalyse ist das Ziel nicht die möglichst weitgehende Umstrukturierung der Persönlichkeit, sondern primär die Lockerung von unbewussten Konflikten zur Lösung von Problemen.

Tiefenpsychologische Kurztherapie

Auch bei der tiefenpsychologischen Kurztherapie ist es das therapeutische Ziel, eine Vorstellung davon zu bekommen, nach welchen unbewussten »Bauplänen« ein dysfunktionales Erlebensmuster strukturiert ist. Anfangs noch offen für alle Assoziationen der Klienten, werden die Informationen theoriegeleitet gefiltert. Im nächsten Schritt erfolgt eine Konfrontation mit dem herausgefundenen Muster und den bedrohlichen Gefühlen, um dann in kleinen Schritten das Problem zu bearbeiten. Dadurch sollen die Klienten Verständnis für ihr Erleben und Verhalten bekommen und hilfreiche Strategien entwickeln.

Die Arbeit mit der Übertragungsbeziehung zwischen Therapeuten und Klienten spielt bei der tiefenpsychologischen Kurztherapie keine so große Rolle wie in der Psychoanalyse. Im Zentrum stehen eher die Bearbeitung der Konfliktmuster und der konkreten Probleme.

In der Therapiesitzung wird z. B. von der Therapeutin eine Situation hergestellt, in der die Klientin immer wieder mit der gleichen, wenig hilfreichen neurotischen Strategie, die sie in der Kindheit entwickelt hat, reagiert. Die Therapeutin verhilft ihr zur Wahrnehmung dieses Ablaufs und auch zur Akzeptanz der damit verbundenen negativen Gefühle wie Schuld und Scham. Die Klientin hat die Möglichkeit, eine neue emotionale Erfahrung zu machen und die alten Beziehungsmuster zu korrigieren. Wichtig für die tiefenpsychologische Kurztherapie ist eine vertrauensvolle, akzeptierende und wohlwollende Beziehung, weil sich im Therapieprozess häufig eine ganz eigene Dynamik entwickelt. Es ist für die Klienten nicht leicht, sich mit sich selber und den automatisch ablaufenden Mustern zu konfrontieren.

Ein Sturm von Gefühlen verstellt oft den Blick auf den blinden Fleck.

Die therapeutische Rolle ist aktiver als in der Psychoanalyse, beinhaltet Deutungsangebote und zielgerichtete Interventionen bei der Lösungssuche. Neben Hypothesen über die unbewussten Konflikte bringt die Therapeutin ihre eigenen Gefühlswahrnehmungen als wichtige Informationsquelle für die Klientin in das therapeutische Gespräch ein.

Fokaltherapie

Bei der Fokaltherapie sammelt der Therapeut durch genaue Beobachtung des Klienten z. B. Informationen über unbewusste Konflikte und Hintergründe der neurotischen Strukturen. Daraus leitet er eine Hypothese über die Funktionsweise der Störung ab, die den Klienten in die Therapie gebracht hat. Der Therapeut fokussiert bei seinen Angeboten auf die Dynamik, die er als Auslöser der Störung annimmt. Der Ablauf ist ähnlich wie bei der tiefenpsychologischen Kurzzeittherapie, wobei der Klient immer wieder mit dem gefundenen Fokus konfrontiert wird. Wenn diese aufdeckende Arbeit aufgrund von zu starken Widerständen oder an mangelnder Flexibilität scheitert, die unbewussten Konflikte zu bedrohlich sind oder die Ressourcen für eine Neuorganisation nicht ausreichen, dann wird entweder eine psychoanalytische Langzeittherapie oder eine streng lösungsfokussierte, ausschließlich auf das konkrete Problem zentrierte Therapie sinnvoller sein.

Humanistische Psychotherapie

Unter dem Begriff »Humanistische Psychotherapie« sammeln sich unterschiedliche Therapieansätze, die ihre Gemeinsamkeit hauptsächlich in ihrem ähnlichen Menschenbild haben. Unter der Voraussetzung, dass die menschlichen Grundbedürfnisse gesichert sind, entwickelt sich ein grundsätzliches Bedürfnis nach innerem Wachstum, ein Drang nach Selbstverwirklichung. Das Streben nach persönlicher Autonomie und Selbstbestimmung ist dabei immer im Wechselspiel mit der sozialen Umwelt zu sehen. Die menschlichen Handlungen werden von humanistischen Wertvorstellungen wie Freiheit, Gerechtigkeit, Gleichheit und Menschlichkeit geprägt. Diese Begriffe sind sinnstiftend und prägen die individuellen und gesellschaftlichen Ziele.

Ein weiterer zentraler Begriff ist die »Ganzheitlichkeit«. Körper, Psyche, Kognition, Emotion und die spirituelle Dimension werden als einheitlich und nicht trennbar in der therapeutischen Arbeit angesehen. Das Motto humanistischer Psychotherapie könnte man so formulieren: »Werde, der du bist.« Dieser Satz beinhaltet die Annahme, dass jede Person von der Anlage her eine bestimmte »Grundausstattung« mitbringt. Die Therapie zielt darauf ab, diese potenziellen Fähigkeiten mit dem tatsächlichen Leben so weit wie möglich in Deckung zu bringen. Die Verantwortung für die eigene Entwicklung, die Selbstakzeptanz und die Bearbeitung von Konflikten stehen im Mittelpunkt der Therapie. Es geht dabei weniger um die Beseitigung konkreter Probleme oder Symptome als um ein ganzheitliches Wachstum der Persönlichkeit.

Der humanistischen Psychotherapie zugeordnet werden u.a. die Gesprächpsychotherapie und die Gestalttherapie.

Gesprächspsychotherapie

Die Gesprächspsychotherapie, auch klientenzentrierte oder personenzentrierte Psychotherapie genannt, wurde von Carl R. Rogers in den 40er Jahren des letzten Jahrhunderts entwickelt. In Deutschland wurde die Gesprächspsychotherapie von Reinhard und Annemarie Tausch weiterentwickelt und bekannt gemacht. Obwohl es einige wissenschaftlich fundierte Wirkungsnachweise der Gesprächspsychotherapie gibt, wurde ihr die sozialrechtliche Anerkennung als Richtlinienverfahren bislang verwehrt.

Die Gesprächspsychotherapie zeichnet sich durch einige Grundmerkmale aus. Die bedingungslose Wertschätzung und positive Zuwendung der Therapeuten ist den Klienten sicher. Zwischen beiden besteht eine partnerschaftliche Beziehung. Die Achtung, bedingungslose Akzeptanz, Wärme, Zuwendung und Toleranz mit den Klienten muss immer präsent sein und darf sich nicht in einer trainierten Freundlichkeit erschöpfen. Die Therapeuten müssen »echt« bleiben und sich um einfühlendes Verstehen bemühen. Sie übernehmen die Gesprächsführung durch Techniken wie die Zusammenfassung und Spiegelung der gefühlsmäßigen Bedeutung des Gesagten. Sie stellen hilfreiche Fragen, geben aber keine konkreten Ratschläge oder Empfehlungen. Mit Interpretationen oder sonstigen Formen der aktiven Einflussnahme wird ebenfalls sparsam umgegangen: Durch die große Wertschätzung und das akzeptierende Beziehungsangebot wird bei den Klienten der Ausdruck ihrer Gefühle gefördert, die Selbstwahrnehmung gestärkt und damit ein Wachstumsprozess im Sinne der Entwicklung der eigenen Fähigkeiten angestoßen.

Gestalttherapie

Aus der Psychoanalyse heraus entwickelten Fritz und Lore Perls von 1940 an die Gestalttherapie. Stärker als in den anderen Therapierichtungen hat die Lebensphilosophie und das Menschenbild für die Therapeuten eine große Bedeutung. Auf die Entwicklung einer eigenen Therapietheorie wurde bislang nicht so viel Wert gelegt. Beschreibungen des praktischen Vorgehens und Begründungen liegen hingegen zahlreich vor.
Das Denken und Handeln ist stark auf das Hier und Jetzt ausgerichtet. Die Erfahrung in der unmittelbaren Realität und das Erlebnisexperiment stehen im Zentrum, auch in der Therapiesitzung. Direktheit im Ausdruck (Ich-Sätze) und unmittelbare Konfrontation mit erfreulichen und unerfreulichen Gefühlen sind gefordert. Die Klienten sollen nicht über, sondern mit jemandem oder etwas reden. Ziel ist es, sich selber realistisch und ehrlich zu betrachten, zu akzeptieren und auf dieser Grundlage selbstverantwortlich neue Erlebensmuster zu entwickeln. Sich selber in einer Therapiesitzung mit all seinen Gefühlen unmittelbar zu erleben, schafft Veränderung und Wachstum. Die Therapeuten geben den Klienten Gelegenheiten, z. B. Ärger und Aggression zu spüren und auszudrücken. Dadurch können Klienten in Kontakt mit ihren Bedürfnissen und Gefühlen kommen, diese ausdrücken und sich Entlastung verschaffen.
Eine Person mit Zwangshandlungen etwa vermeidet bestimmte Angstgefühle durch die Wiederholung der immer gleichen Rituale. Die Rituale sind ein Zeichen dafür, dass die Beziehungen zu anderen und zu sich selber gestört sind. In der Folge wird die innere Isolation immer stärker. Mit Hilfe therapeutischer Fragen nach dem Wie und nicht nach dem Warum, nach dem Ge-

fühl genau in dem Augenblick, werden die Angstgefühle bewusst gemacht und der Kontakt zu ihnen wiederhergestellt. Wenn ein unaussprechliches Gefühl ausgedrückt ist, so führt das zu einer positiven Erfahrung, und der Erlebensspielraum kann sich dadurch erweitern.

In der Gestalttherapie geht es konfrontativer zu als in anderen Therapien. In der Annahme, dass Menschen die Tendenz haben, schmerzliche Gefühle und problematische Erlebensmuster zu vermeiden und zu verbergen, versucht der Therapeut z. B. durch Konfrontation oder Provokation den Klienten den Anstoß zu geben, sich mit seinem gesamten Gefühlsspektrum zu zeigen. Dabei kann der Weg über Frustrationen führen, was als schmerzlich und unangenehm empfunden wird. Wenn das durchlebt ist, kommt es zu einer positiven Wendung.

Die Therapeuten bringen sich selbst sehr stark in den therapeutischen Prozess ein, sie sprechen aus, was sie beobachten und dabei fühlen, was von den Klienten ihrer Meinung nach vermutlich vermieden oder unterdrückt wird. Auch damit kann ein Prozess in Gang gebracht werden.

Neben den Gesprächsstrategien ist die Gestalttherapie reich an Techniken wie Rollenspiel, Körper- und Fantasieübungen und Traumarbeit. Auch hier geht es immer wieder um das Bewusstmachen von Gefühlen, verbalen und nonverbalen Signalen, Kommunikationsmustern und Vermeidungsstrategien. Bei der Gestalttherapie kommt es nicht selten zu heftigen Erregungszuständen, die therapeutisch beabsichtigt sind, weil die Gefühlsvermeidungsstrategien durchbrochen werden sollen. Die Überflutung mit Gefühlen und die Begegnung mit sich selbst sollen gleichzeitig zeigen, dass auch die schlimmsten Ängste auszuhalten sind.

Ob jemand sich auf diesen Prozess einlässt, bleibt immer der eigenen Entscheidung überlassen. Therapeuten müssen respektieren, wenn jemand einen Schritt nicht tun möchte. Klienten brauchen sich nicht »pushen« zu lassen. Es ist ihr gutes Recht, »Nein« zu sagen und auf eine andere »Einladung« zu einem besseren Zeitpunkt zu warten.

Da die Gestalttherapie eine »machtvolle« Therapieform ist, bei der Therapeuten Strategien zum Einsatz bringen, die schnell zu persönlichen Grenzerfahrungen führen können, bedarf es eines sehr sorgfältigen Umgangs mit dieser Methode. Aus diesem Grund ist es für beide Seiten besonders wichtig, auf die Einhaltung von Regeln zu achten (vgl. das Kapitel »Merkmale einer hilfreichen Therapie«).

Psychodrama

Psychodrama basiert auf humanistischen Grundannahmen (siehe das Kapitel »Humanistische Psychotherapie«). Es wird in der Regel in Gruppen durchgeführt. Entsprechend wurden von seinem Gründer, Jakob Levy Moreno (1889–1974), auch Gruppentherapiekonzepte entwickelt.

Ein Wirkprinzip des Psychodramas ist die Katharsis, ein Konzept, das auch in der Psychoanalyse auftaucht. Das Ziel besteht darin, traumatische Erfahrungen ein zweites Mal zu erleben, um sich von ihnen zu befreien. Dazu werden Problemsituationen und Konflikte z. B. aus der Ursprungsfamilie gemeinsam mit einer Gruppe in Szene gesetzt und mit einem möglichst breiten Spektrum an Gefühlen und Handlungsmustern durchgespielt. Anschließend erfolgt eine Nachbesprechung, bei der meist alle Gruppenmitglieder beteiligt sind.

Die Psychodramatherapie läuft in drei Phasen ab. In der Erwärmungsphase wird Kontakt zueinander aufgenommen und erarbeitet, um welches Thema und um welche Art von Konflikt es gehen soll. Das potenzielle Material ist umfangreich: Von einem Konflikt innerhalb der Gruppe, über die Beziehung zur Mutter oder zum Ehemann bis hin zur Inszenierung eines Traums oder einer Zukunftsprojektion kann alles zum Gegenstand eines Psychodramas werden.

In der Spielphase nehmen die Gruppenteilnehmer unterschiedliche Rollen ein. Die Hauptperson, die den Stoff eingebracht hat, wird zur Protagonistin. Die Psychodramaleitung übernimmt die Regie und nutzt bestimmte Techniken wie das Doppeln und Spiegeln, um die Intensität des Dramas zu steigern. Das Doppeln wird entweder von der Spielleitung oder einem erfahrenen Gruppenmitglied übernommen. Dabei wird eine Position hinter der Protagonistin eingenommen, sich in deren Situation eingefühlt und in Ich-Form darüber gesprochen. Einfühlsam und interessiert bis hin zu konfrontativ und herausfordernd können die Verbalisierungen des Hilfs-Ichs sein, das der Protagonistin helfen soll, sich intensiver auf die eigenen Gefühle einzulassen.

Beim Spiegeln ahmt ein anderes Gruppenmitglied das verbale und nonverbale Verhalten der Protagonistin nach. Sich selber zu sehen, stößt einen Prozess der Selbstreflexion und Selbsterkenntnis an. Oft wird auch mit Rollentausch gearbeitet. Es kann sehr nützlich sein, wenn sich die Protagonistin z. B. in die Rolle des Ehemanns versetzt, um eine Vorstellung von dessen Perspektive zu erhalten.

Neben diesen Grundtechniken hat Moreno noch viele andere kreative und fantasievolle Arbeitsformen entwickelt, die alle der Offenlegung von Gefühls- und Erlebnismustern dienen. Ihre Bearbeitung erfolgt in der Integrationsphase. Die Gruppenmitglieder berichten über ihre Erlebnisse in den verschiedenen Rollen, geben der Hauptperson ein Feedback, teilen ihre Eindrücke, Gefühle und Perspektiven mit. Dadurch erweitert sich der Blickwickel der Protagonistin und sie kann zu Lösungen und Verhaltensänderungen gelangen. Bei den Gruppenmitgliedern kann das Spiel ebenfalls Konflikte aktualisieren. Sie können in vielerlei Hinsicht profitieren (Sharing).

Hilarion Petzold hat um 1970 den drei Phasen eine vierte hinzugefügt, in der die Ergebnisse der Integrationsphase ganz konkret und alltagsnah ausprobiert werden. Zu diesem Zweck hat er verschiedene verhaltenstherapeutische Strategien in die Gestalttherapie eingeführt. So wird z. B. mit positiven Verstärkungen, Lernen am Modell und Expositionen (vgl. das Kapitel zur kognitiven Verhaltenstherapie) gearbeitet. Die gefundenen Lösungen werden in der Integrationsphase weiterbearbeitet und variiert, bis sie für die Lösung des Problems passen.

Hypnotherapie

Hypnose ist ein geistiger und körperlicher Zustand, den Menschen in allen Kulturen und Zeitaltern kennen. Rituale und Tänze sind Formen von Trance für unterschiedliche Zwecke, z. B. auch zur Krankenbehandlung. Sigmund Freund experimentierte schon im 19. Jahrhundert mit Hypnose. Was jedoch als moderne Hypnotherapie verstanden wird, stammt von Milton H. Erickson und hat seit den 70er Jahren des letzten Jahrhunderts auch im deutschsprachigen Raum Verbreitung gefunden.

Es gibt immer mehr Bereiche, in denen Hypnotherapie eingesetzt wird. Nicht nur in der Psychotherapie, auch bei chronischen Schmerzen, bei Tinnitus, in der Zahnmedizin und der Geburtshilfe haben sich positive Effekte gezeigt. Aus der Traumatherapie ist diese Methode kaum noch wegzudenken. Wissenschaftliche Untersuchungen haben nachgewiesen, dass sich durch die Kombination von kognitiver Verhaltenstherapie mit Hypnotherapie die Therapieergebnisse verbessern. Dies gilt auch für tiefenpsychologisch fundierte Psychotherapie.

Als ergänzendes Verfahren wird die Hypnotherapie von den Krankenkassen bezahlt, wenn die Zusatzqualifikation erbracht ist und eine entsprechende Eintragung im Arztregister vorliegt.

Um es gleich vorweg zu nehmen: Hypnotherapie hat nichts mit Showhypnose, wie man sie von Varietees und Zaubervorstellungen kennt, zu tun. Auch wenn die Grundprinzipien ähnlich sind, sind die Ziele doch ganz andere. Der (scheinbar) völlige Verlust der Erlebniswirklichkeit, der bewussten Kontrolle und das Eintreten in die Vorstellungswelt des Bühnenhypnotiseurs verlangen eine hohe Bereitschaft der Showteilnehmer, bei dem »Spiel« mitzumachen. Aber auch auf einer Bühne kann letztendlich nur das geschehen, was die Teilnehmer zulassen.

Selbstverständlich veranstalten Therapeuten im Rahmen einer Psychotherapie keinen »Hokuspokus«, bei dem irgendwelche »übersinnlichen Kräfte« der Klienten geweckt werden. Die Wirksamkeit der Hypnotherapie ist wissenschaftlich belegt (GRAWE 1994).

Menschen werden von ihren Überzeugungen, Glaubenssätzen und Ritualen geleitet. Deshalb ist es nahe liegend, mit diesen Konstrukten in Form von Suggestionen zielgerichtet therapeutisch zu arbeiten. Der Satz »Der Glaube versetzt Berge« ist z. B.

eine positive Suggestion, eine innere Überzeugung, die jemandem auch in den schwersten Zeiten helfen kann, seine Zuversicht zu behalten. Unabhängig davon, welche inneren Bilder oder Begriffe jemand vom Unterbewusstsein hat, sie können auf jeden Fall als heilende Kräfte genutzt werden. Sätze wie »Mein Körper weiß schon, was gut für mich ist« führen den Körper als eigenständige Instanz ein. In der Hypnotherapie werden solche heilenden Konstrukte bewusst eingesetzt und nutzbar gemacht.

Der zentrale Begriff der Hypnotherapie ist »Trance«. Es handelt sich dabei um einen Bewusstseinszustand mit einer starken Konzentration nach innen, der Ausblendung äußerer Reize und der Zurückstellung bewusster kognitiver Vorgänge und körperlicher Zustände. Wir kennen diese Zustände in Form von Selbsthypnose auch aus dem Alltag. Am Fenster stehen, nicht wirklich wahrnehmen, was draußen abläuft, und gleichzeitig von dem »inneren Film« gefesselt sein, ist eine Form davon.

Von Hypnotherapie kann aber nur dann die Rede sein, wenn die Suggestionen durch Therapeuten hervorgerufen und unterstützt werden. Wichtig ist dabei, dass der Rapport, der Kontakt zwischen Therapeuten und Klienten, sehr intensiv ist und aufrechterhalten wird. In Gang gebracht wird eine ganz bestimmte Art der Kommunikation, bei der innere Bilder entstehen, die therapeutisch nützlich sein können. Mit diesen Suggestionen werden die Klienten eingeladen, heilsame innere Prozesse in Bewegung zu bringen. Selbstheilungskräfte, unbewusste Ressourcen und Lösungskompetenzen werden auf diese Weise aktiviert. Damit Suggestion gelingen kann, ist es hilfreich, dass jemand in der Lage ist, sich Dinge lebhaft vorzustellen, sich gut zu konzentrieren und sich intensiv auf die inneren Bilder einzulassen.

Die weit verbreitete Angst, in einem Trancezustand die Kontrolle zu verlieren, ist unbegründet, weil es jederzeit möglich ist auszusteigen.

Trance kann in unterschiedlicher Tiefe und Ausprägung erlebt werden. Die Therapeutin hilft der Klientin durch eine bestimmte Sprechweise, die Augen zu schließen, störende Außenreize weniger wahrzunehmen, sich zu entspannen und Bilder aus dem Unbewussten vor dem inneren Auge entstehen zu lassen. Mit Hilfe von Ritualen oder imaginierten positiven Veränderungen der inneren Wirklichkeit wird eine emotionale Erleichterung bewirkt. Wenn eine Frau z. B. in der Kindheit eine schwere Traumatisierung durch einen sexuellen Missbrauch erlebt hat, dann wird diese Gewalterfahrung für sie immer Realität bleiben. Die Hypnotherapie kann ihr aber helfen, die traumatisierende Erfahrung des Missbrauchs als Kind mit den Kompetenzen der erwachsenen Frau, die sie ja auch ist, zu bewältigen. Das wird ihr helfen, ihr Erleben und Verhalten im Alltag positiv zu verändern.

Hypnotherapie ist in hohem Maße eine Frage des Vertrauens, zum einen in die Kompetenzen der Therapeutin, zum anderen in sich selber als Klientin und zum dritten in die Beziehung zwischen beiden. Sie setzt Experimentierfreude voraus und erfordert die Bereitschaft, sich auf ungewöhnliche Prozesse einzulassen.

Systemische Therapie

Systemische Denkmodelle versuchen die permanente Interaktion menschlicher Prozesse und deren Verhältnis zur Außenwelt abzubilden. Bei diesem Blick auf den Menschen als soziales Wesen in einer spezifischen Umwelt ist es nicht weiter verwunderlich, dass die systemische Therapie anfangs nur bei Paaren, Familien und Gruppen angewendet wurde. Mittlerweile hat das systemische Denken aber auch in die Methoden der Einzeltherapien Einzug gehalten.

Die systemische Therapie hat ihre Annahmen wissenschaftlich fundiert, eine eigenständige Therapietheorie entwickelt und überprüfbare Wirksamkeitskriterien für die Praxis aufgestellt. Dennoch wird die systemische Therapie von den Krankenkassen bislang nicht bezahlt, unter anderem, weil Familien- oder Paarprobleme, egal wie schwerwiegend sie sind, nicht als Störung mit Krankheitswert, sondern als soziales Problem gesehen werden.

Bei den Systemikern finden sich wiederum unterschiedliche Schulen, z. B. die »Heidelberger Schule« (Helm Stierlin u. a.), die »Mailänder Schule« (Mara Selvini Palazzoli u. a.), die Schule um Virginia Satir in Palo Alto (USA), zu der auch Paul Watzlawick und Salvador Minuchin gehören, oder die Schule um Jay Haley, der die Hypnotherapie in die »strategische Familientherapie« einführte. Einige Grundmuster sind jedoch bei allen Schulen in unterschiedlichen Varianten wiederzufinden, auch wenn sich die Methoden der praktischen Arbeit deutlich voneinander unterscheiden. Es geht immer um die Art der Kommunikation in der Familie und um bestimmte Regeln, nach denen das »System« Familie »funktioniert«. Die Beteiligten sind Teil des Systems, in dem sie versuchen eine Rolle oder eine Aufgabe zu übernehmen, die das System einigermaßen im Gleichgewicht hält. Das kann für ein Kind bedeuten, dass es z. B. eine Störung entwickeln »muss«, damit die Eltern in der Sorge um das Kind vereint sind und sich nicht dauernd streiten. Damit hat das Kind die »Aufgabe« übernommen, das – wenn auch ungute – Gleichgewicht in der Familie aufrechtzuerhalten. In der Therapie wird nun versucht, mit unterschiedlichen Kommunikationsangeboten dieses ungute Gleichgewicht und die Aufgabe des Kindes darin sichtbar zu machen sowie das Ganze aus dem Gleichgewicht zu bringen, damit sich das Familiensystem auf einem für alle positiven Niveau neu organisieren und in Balance kommen kann. Methodisch könnte ein Therapeut bei dieser Familie z. B. die familiäre Wirklichkeit sichtbar machen und »verstören«, in dem er das Verhalten des Kindes als eine besondere Leistung, als besonderes Opfer oder als schwere Aufgabe, die es für den Zusammenhalt der Familie erbringt, würdigt und positiv herausstellt. Das Verhalten des Kindes in einen neuen Bezugsrahmen zu setzen (Reframing), kann den Blick aller Beteiligten verändern. Vielleicht erkennen die Eltern dann, dass es nützlicher wäre, die Probleme, wegen derer sie dauernd streiten, endlich zu klären. Dann kann das Kind seine Störung aufgeben und bekommt vielleicht auch noch die Zuwendung und Unterstützung, die es braucht, weil die Eltern nun weniger streiten und mehr Zeit für ihr Kind haben.

Lösungsorientierte Kurzzeittherapie

Das Konzept der lösungsorientierten Kurzzeittherapie wurde in den 80er Jahren von Steve De Shazer, Insoo Kim Berg und anderen im »Brief Family Therapy Center« (BFTC) in Milwaukee (USA) entwickelt. Es ist ein Ansatz, der aus der therapeutischen Arbeit mit Menschen aus sozialen Brennpunkten entstanden ist. Menschen, die aufgrund ihrer sozialen Benachteiligung nur schwer Zugang zu den gängigen Therapien finden, benötigen ein niedrigschwelliges Angebot, das ihren Bedürfnissen angepasst ist. Es muss ein kurzes Verfahren sein und darf keine langwierigen Problemanalysen erfordern. Es muss hilfreich sein und möglichst rasch individuelle und praktikable Lösungen finden. Diese Prinzipien können selbstverständlich auf alle Menschen mit Therapiebedarf angewendet werden.

Die Kurzzeittherapie hat viele Verbindungen zur systemischen Therapie und zur Verhaltenstherapie. Im Ansatz des Brief Family Therapy Centers wird davon ausgegangen, dass Menschen grundsätzlich über die Ressourcen und Fähigkeiten verfügen, ihre Probleme zu lösen. Es wird nicht viel Zeit mit der Problembeschreibung verbracht, sondern sofort mit der Zieldefinition begonnen. Die zentrale Frage ist: »Was wird anders sein, wenn das Problem nicht mehr besteht«. Die Antwort könnte z. B. sein: »Ich werde mit meiner Frau weniger streiten und besser über Probleme reden können.« Daraus kann ein klares Ziel abgeleitet werden. Die Suche nach der Lösung beginnt mit der Suche nach kleinen Ausnahmen, nach positiven Beispielen, die der Schlüssel für die Lösung des ganzen Problems sein können. Die Folgefrage würde also lauten: »Wann war das schon mal, dass sie mit Ihrer Frau über ein Problem geredet haben, ohne gleich zu streiten?« Vermutlich wird sich eine Ausnahme finden. Falls nicht, kann mit Zukunftsprojektionen, Beobachtungen von anderen usw. gearbeitet werden. Im nächsten Schritt wird diese Ausnahme konkretisiert: Was war damals anders, wie waren die Bedingungen, wie haben die beiden das gemacht usw.? Die daraus abgeleiteten Veränderungen werden im Alltag erprobt. Wichtig ist, nicht das ständig zu wiederholen, was nicht funktioniert, sondern möglichst oft das zu machen, was gut funktioniert.

Die Art der Intervention hängt ganz davon ab, mit welcher Motivation die Klienten kommen. Manche haben keinen eigenen Veränderungswunsch. Sie kommen, weil sie jemand geschickt hat oder weil sie einfach mal sehen wollen, was die Therapeutin so macht. Sie sind Besucher. Andere kommen, um über ihr sehr schweres Problem zu klagen. Sie wollen ihr Herz ausschütten und wünschen sich erst einmal nur jemanden mit viel Verständnis zum Zuhören. Den Besuchern und Klagenden gleich mit Lösungssuche zu kommen, macht wenig Sinn. Erst wenn die Bereitschaft und die Hoffnung da sind, etwas verändern zu wollen, werden aus Besuchern oder Klagenden tatsächlich Kunden, die ein Ziel definieren und aktiv mitarbeiten wollen. Abhängig vom Anliegen der Klienten wird die Therapeutin entsprechende Angebote machen. Egal mit welcher Motivation die Klienten in die Sitzung kommen, sie bekommen immer eine Anerkennung und Bestärkung (Komplimente).

Die lösungsorientierte Kurzzeittherapie verfügt über eine Vielzahl von Methoden und Strategien. Diese finden immer häufiger Eingang in andere Therapieverfahren, z.B. in die Verhaltenstherapie. Zeitliche Begrenzung, Ressourcen- und Lösungsorientierung sind durchaus auch Merkmale von verhaltenstherapeutischen Kurzzeittherapien. In der Forschung zu den Wirkfaktoren von Psychotherapie (vgl. das entsprechende Kapitel) hat sich gezeigt, dass gerade die Aktivierung von Ressourcen und die Lösungsorientierung ganz wichtige Bausteine für erfolgreiche Therapien sind.

EMDR

EMDR (Eye Movement Desensitization and Reprocessing) wurde in den USA von Francine Shapiro entwickelt und findet zunehmend auch Anwendung in Deutschland. Dieses Verfahren ist für die Therapie von Posttraumatischen Belastungsstörungen (PTBS) bei Erwachsenen wissenschaftlich anerkannt. Alle Arten von Traumatisierungen sowohl aus der Kindheit als auch bei akuten Traumata können damit therapiert werden. Es basiert auf bilateraler Stimulation von Gehirnregionen. Die Wirkungsweise ähnelt der Gehirnaktivität in der Verarbeitungsphase im Tiefschlaf (REM-Schlaf). Durch rhythmisches Hin- und Herbewegen der Finger vor den Augen der Klienten oder durch Tippen z. B. abwechselnd auf beide Knie wird diese Stimulation bewirkt. Das Verfahren wird nach einem festen Ablaufplan durchgeführt. Die Durcharbeitung des Traumas beginnt mit einer Beschreibung eines bedeutsamen inneren Bildes aus der Traumasituation. Die dazugehörigen Gefühle und Gedanken werden benannt. Dementsprechend wird eine übergeordnete Kognition wie zum Beispiel »Ich bin ausgeliefert« oder »Ich bin wertlos« herausgearbeitet und der Grad der Belastung auf einer Skala bewertet. In einem nächsten Schritt erfolgt die Entwicklung einer zukünftigen Bewertung in Form eines positiven Lösungsgedankens wie z. B. »Ich kann jetzt für meine Sicherheit sorgen« oder »Ich bin in Ordnung, so wie ich bin«. Beginnend mit der emotionalen Aktivierung der auslösenden Situation in Verbindung mit dem negativen Satz erfolgt die rhythmische Stimulation und führt durch das Labyrinth der Traumaknoten aus der Vergangenheit. Im Verlauf von mehreren Prozessen kommt es zu einer Abschwächung der traumatischen Erlebnisinhalte. Wenn keine Belastung mehr besteht, wird geprüft, ob der positive Gedanke weiterhin passend ist.

Es ist wichtig, EMDR als einen Baustein einer umfassenden Therapie zu betrachten. Es muss eingebettet sein in einen sicheren Rahmen, eine stabile therapeutische Beziehung und viel Vorbereitungsarbeit. Die traumatisierten Personen lernen vorher Methoden zur emotionalen Kontrolle und Selbstberuhigung. Dieser Ressourcenaufbau dient der Stabilisierung und der Entwicklung von Strategien im Umgang mit auftretenden starken Emotionen in Zusammenhang mit dem Trauma. Das Verfahren sollte nicht als ausschließliche Therapiemethode und nur von spezifisch darin ausgebildeten Therapeuten angewendet werden. Adressen vermittelt das EMDR-Institut (siehe Serviceteil).

Übungsorientierte Verfahren

Diese Verfahren werden bevorzugt im Zusammenhang mit Verhaltenstherapie angewendet, können jedoch auch als eigenständige Interventionen angeboten werden. Sie haben ein klar eingegrenztes Ziel und dienen der Förderung spezieller Fähigkeiten. Konzentrations- und Gedächtnistraining etwa zielen auf die Verbesserung konkreter Funktionen ab. Bei einem Training zur Schmerzbewältigung oder bei Tinnitus geht es hingegen um die Verbesserung des Umgangs mit einer chronischen Krankheit. Selbstsicherheitstrainings und Stressimpfungstrainings sollen Alltagskompetenzen verbessern.

Sehr häufig eingesetzt wird die Progressive Muskelentspannung (oder Muskelrelaxation) und das Autogene Training. Angeboten werden beide Verfahren sowohl von Volkshochschulen, Krankenkassen und Beratungsstellen als auch von Kliniken und medizinischen oder psychotherapeutischen Praxen. Je nach Rahmenbedingungen ist die Bezahlung unterschiedlich geregelt. Wenn das Verfahren Teil einer medizinischen oder psychotherapeutischen Behandlung ist, dann zahlt die Krankenkasse. Wenn das Training der Erweiterung der persönlichen Kompetenzen dient, dann müssen die Teilnehmer die Kosten zunächst meist selber tragen. Zum Teil können allerdings bis zu 80 Prozent der Kosten von den Krankenkassen als Präventionsmaßnahme erstattet werden.

Alle übungsorientierten Verfahren werden in sehr klar strukturierten Sitzungen vermittelt. Die Grundzüge des Verfahrens werden erklärt, gezeigt und geübt. Oft findet das in Gruppen statt, aber auch Einzelsitzungen sind möglich. Wichtig ist, dass die einzelnen Schritte korrekt ausgeführt werden. Wenn sich Fehler einschleichen, kann es zum Stillstand kommen. Deshalb ist eine qualifizierte und aufmerksame Anleitung sehr wichtig. Die Abläufe werden möglichst häufig wiederholt, Fragen dazu beantwortet, auch individuelle Durchführungsformen erprobt. Die Hauptarbeit liegt darin, das Erlernte zwischen den Sitzungen im Alltag zu praktizieren und regelmäßig zu üben. Ohne ständige Wiederholung und Übung sind Entspannungsverfahren nicht wirksam.

Bei der Progressiven Muskelentspannung nach Jacobson werden z. B. die Muskeln der einzelnen Körperbereiche nacheinander angespannt und anschließend ganz bewusst entspannt. In dem Gegensatz zwischen Anspannung und Entspannung ist das Loslassen hin zur Entspannung besonders deutlich zu spüren. Körperliche Muskelentspannung und psychischer Stress können nicht gleichzeitig auftreten. Deshalb ist der Zugang zur psychischen Beruhigung über körperliche Entspannung so wirkungsvoll. Anspannung und Entspannung folgen dem Rhythmus der Atmung, ein inneres Kommando übernimmt die Regie. Nach einiger Zeit kann sich die Entspannung dann schon allein auf das innere Kommando hin einstellen.

Auch das Autogene Training ist ein wirkungsvolles Verfahren, das auf Autosuggestion beruht. Diese »konzentrative Selbstentspannung« arbeitet mit Übungsformeln wie z. B. »Mein rechter Arm ist schwer«. Die Vorstellung von Schwere, Wärme oder Ruhe in einzelnen Körperregionen spielt eine zentrale Rolle. Mit viel Übung kann dadurch eine grundlegende Beruhigung des Organismus erreicht werden.

Selbstsicherheitstrainings haben ebenfalls feste Übungselemente, orientieren sich aber immer an einem konkreten Problem. So kann es z. B. das Ziel sein, dem Kollegen zu untersagen, im gemeinsamen Büro zu rauchen, oder die Frauen in der Sauna aufzufordern, im Ruheraum nicht dauernd zu reden. Solche Übungen werden während der Sitzungen herausgearbeitet, geübt und dann im »richtigen Leben« ausprobiert. Danach werden die Erfahrungen besprochen und Verbesserungen vorgeschlagen.

Bei einem Schmerzbewältigungstraining wird der Umgang mit Schmerz analysiert und anschließend zielgerichtet verändert. Am Anfang stehen deshalb z. B. folgende Fragen: Wie belastend wird der Schmerz erlebt? Wie heftig wird er eingeschätzt? Unter welchen Bedingungen nimmt die Belastung ab? Wie kann die Aufmerksamkeit gelenkt werden? Was kann dem Schmerz zur Seite gestellt werden? Durch Selbstinstruktionen – das sind hilfreiche Sätze, die eine positive Wirkung haben – wird die Aufmerksamkeit vom Symptom weggelenkt. Dieser Vorgang bedarf einer intensiven Übung und häufigen Wiederholung, bis er automatisiert ist.

Alle übungsorientierten Verfahren erfordern ein gewisses Durchhaltevermögen. Auch wenn die Motivation nachlässt, ist es wichtig, wenigstens ganz kurze Übungseinheiten täglich durchzuführen. Eine kleine Übung ist besser als keine. Nur so kann sich ein neues Verhalten stabilisieren und automatisieren. Wenn sich dann eine Veränderung bemerkbar macht, kommt auch die Motivation zurück.

Hilfreich ist eine Teilnahme an einer Gruppe, weil das gemeinsame Überwinden der »Durststrecke« leichter ist als »allein in der Wüste« zu stehen.

Zugangswege zur ambulanten Psychotherapie

Auswahl der Therapiemethode

Grundsätzlich ist es möglich, die Diagnose als Kriterium für die Wahl der Therapiemethode heranzuziehen. So empfehlen viele Fachleute zum Beispiel bei Angst- und Zwangsstörungen eine Verhaltenstherapie. Die Grundlage für diese Zuordnungen bilden Untersuchungen über die Wirksamkeit der Therapien bei bestimmten Störungsbildern. Die Ergebnisse wurden zusammengetragen und einer Gesamtbeurteilung unterzogen. Die Therapeuten, deren Therapierichtungen dabei gut abgeschnitten haben, akzeptieren die Schlussfolgerungen und sind damit zufrieden. Von Vertretern der Therapieschulen, die eine geringere Wirksamkeit hinsichtlich der verschiedenen Diagnosen aufweisen, wird die Glaubwürdigkeit der Ergebnisse verständlicherweise eher angezweifelt.

Ein weiteres Problem stellt die Tatsache dar, dass die diagnostischen Abgrenzungen nicht in jedem Fall trennscharf sind, es fast immer Überschneidungen im Symptombild gibt und die Vielschichtigkeit einer Störung oft nicht in einer Diagnose erfasst werden kann. Eine einfache »Gebrauchsanweisung«, wenn Störung X vorliegt, dann ist die Therapierichtung A zu empfehlen, kann es schon allein aus diesem Grund nicht geben. So können die wissenschaftlichen Empfehlungen für bestimmte Therapierichtungen bei bestimmten Diagnosen für Klienten lediglich eine Suchrichtung vorgeben.

Zu der Diagnose als Auswahlkriterium für eine bestimmte Therapierichtung kommt aber immer auch die ganz persönliche Neigung, welche Methode subjektiv als passend erlebt wird.

Die Überlegung, genau die Methode zu wählen, die einem am meisten Angst macht, weil erst diese eine richtige Veränderungschance darstelle, halte ich nicht für besonders hilfreich. Therapie ist kein »Härtetest«, sondern eine freiwillig gewählte, positive Herausforderung.

Viel hängt von den Einstellungen, Haltungen und persönlichen Motivationen der Hilfesuchenden ab. Ungeduldige Menschen, die schnell eine Veränderung erwarten, werden vielleicht nicht gerade eine Psychoanalyse wählen. Andere, die ein hohes Kontrollbedürfnis haben, werden konfrontative Verfahren eher meiden. Das Menschenbild der Verhaltenstherapie wird spirituell veranlagte Menschen weniger ansprechen. Eine gründliche Information über die verschiedenen Therapieverfahren wird in jedem Fall bestimmte Präferenzen zur Folge haben, denen der Hilfesuchende folgen sollte.

Letztendlich spielt auch das Kriterium »persönliche Sympathie« eine sehr wichtige Rolle, bei welcher Therapierichtung Klienten landen. Jede für bestimmte Störungen noch so wirksame Therapiemethode wird von einer bestimmten Person mit einer individuellen Persönlichkeit angeboten und umgesetzt. Entwickelt sich eine tragfähige Beziehung, entfaltet sich auch leichter ein produktives Arbeitsbündnis. Wenn Therapeuten sich auf gewisse Störungen spezialisiert haben, dann ist davon auszugehen, dass Person, Methode und Diagnose gut zusammenpassen. Aber auch da spielt die persönliche Neigung der Klienten eine wichtige Rolle. Die Auswahl kann zu einem sehr komplexen Prozess werden oder zu einer Sache von Minuten, wenn die »Chemie« auf Anhieb stimmt.

Eine Psychotherapie stellt keine besonderen Anforderungen an Fähigkeiten oder Persönlichkeitsmerkmale der Klienten. Einzig eine gewisse Bereitschaft, Veränderung als Arbeit an sich selber zu sehen und in dem individuell leistbaren Maß aktiv mitzuarbeiten, ist eine nützliche Voraussetzung. Auch bei der kognitiven Verhaltenstherapie sollte man sich von dem Begriff »kognitiv« nicht zu der Annahme verleiten lassen, dass jemand besonders intelligent oder geistig rege sein muss, um diese Therapieform für sich nutzen zu können. »Kognitionen« sind Gedanken und bezeichnen die hauptsächlichen Ansatzpunkte bei der therapeutischen Arbeit, die Denkmuster und das sichtbare Verhalten (vgl. das Kapitel zur kognitiven Verhaltenstherapie).

Wenn jemand den Wunsch hat und es sich zeitlich und von seiner Energie her vorstellen kann, eine Therapie über mehrere Jahre mit phasenweise vielleicht zwei Sitzungen in der Woche durchzuhalten, dann ist das eine gute Voraussetzung für eine Psychoanalyse. Aktueller Leidensdruck allein ist für so ein aufwendiges Verfahren keine ausreichende Motivation. Eine langwierige Therapie setzt voraus, dass die Beziehung zwischen Analytiker und Klient passt. Der Klient muss in der Lage sein, sich tiefgehend auf den Therapeuten einzulassen. Auch eine Grundsympathie sollte vorhanden sein, damit das Vertrauen da ist, gemeinsam Konflikte durchzustehen. Wichtig sind auch das Interesse, sich selber zu erforschen und die Neugierde auf die eigenen inneren Prozesse im Zusammenhang mit der Lebensgeschichte. Bei einer analytischen Therapie sollte eine gewisse Fähigkeit zur Übernahme von Verantwortung für sich selber vorhanden sein.

Klienten mit Psychoseerfahrungen wird oft vom psychoanalytischen Verfahren abgeraten, weil befürchtet wird, dass verstörende Lebensereignisse aufgedeckt und neue Krankheitsschübe ausgelöst werden könnten. Doch auch da kommt es auf die gesamte Persönlichkeit an und nicht auf den Namen der Krankheit. Die psychische Stabilität spielt bei der Auswahl der jeweiligen Methode eine wichtige Rolle. Bei Menschen mit Psychoseerfahrungen ist sie der entscheidende Faktor. Je länger und sicherer die Stabilität ist, umso »potenter« und tief greifender kann das therapeutische Instrumentarium sein. Das Risiko, diese Voraussetzung nicht richtig einzuschätzen, bleibt.

Um mit einem Menschen arbeiten zu können, der ein sehr kompliziertes Beziehungsangebot macht, der z. B. stark abhängig oder sehr fordernd und leicht kränkbar ist, bedarf es einer selbst reflektierten, emotional stabilen Therapeutenpersönlichkeit, die im Kontakt bleibt mit den eigenen emotionalen Resonanzen und gleichzeitig so viel Abstand halten kann, um nicht selber gekränkt, ärgerlich oder klammernd zu reagieren. Die jahrelange Eigenanalyse, die zur Ausbildung der Analytiker gehört, kann diese Fähigkeit aufbauen und ein Vorteil sein bei der Arbeit mit Menschen, die schwere Beeinträchtigungen auf der Persönlichkeitsebene zeigen.

Was vor der Suche nach einem Therapieplatz zu überlegen ist:
- das Therapieziel
- die persönliche Arbeitsweise
- das persönliche Tempo bei Veränderungen
- Einzeltherapie oder Gruppentherapie
- bevorzugte Therapiemethode
- spezielle Erfahrung des Therapeuten
- Geschlecht des Therapeuten
- die regionalen Grenzen
- Kassenfinanzierung oder privat

Ist eine Entscheidung für eine bestimmte Therapieform getroffen, sollte man sich bei den Therapeuten in der Region über die angewandten Verfahren informieren und dann eine oder mehrere Probestunden vereinbaren.

Die Suche nach einem Therapieplatz

Die Suche nach einem Therapieplatz hängt ganz vom persönlichen Stil des Hilfesuchenden ab. Sie kann z. B. nach dem Zufallsprinzip ablaufen. Oft ist es jemand aus dem Bekanntenkreis, der gute Erfahrungen mit Psychotherapie gemacht hat und sich auch traut, das öffentlich zu erzählen, der den Anstoß für die Suche nach einer Psychotherapeutin/einem Psychotherapeuten gibt. Über »Mundpropaganda« kommen die meisten Klienten in eine ambulante Praxis. Meistens nimmt die Umwelt wahr, dass eine Bekannte sehr schlecht aussieht, sich zurückzieht oder besonders gereizt oder aggressiv reagiert. Die Veränderung wird durchaus als psychisch bedingt eingeordnet, auch wenn der Begriff »Krankheit« meistens vermieden wird. Kommt es zu einem Gespräch, ist es für den Betreffenden entlastend zu hören, dass ein vertrauter Mensch, den man für »ganz normal« hält, eine psychische Erkrankung hat oder hatte. Wenn dieser mit Unterstützung einer Psychotherapie für sich eine Lösungsstrategie gefunden hat, dann macht das Mut, diesen Weg auch auszuprobieren. Zudem haben Psychotherapieerfahrene meistens konkrete Tipps und können den Zugangsweg und den Ablauf erklären. Die Suche nach einer Psychotherapeutin wird damit einfacher und der erste Schritt fällt leichter.

Man kann natürlich auch systematisch nach einem Therapieplatz suchen. Wer professionellen Rat möchte, kann sich z. B. an den »Berufsverband Deutscher Psychologinnen und Psychologen« (BDP) wenden. Dieser bietet den Psychotherapie-Informations-Dienst (PID) an (Telefon 030-2 09 16 63 30), Homepage: www.psychotherapiesuche.de). Dort können bundesweit Adressen und Auskünfte über Spezialisierungen von Therapeuten abgefragt werden. Andere Berufsverbände für Psychotherapeuten (z. B. DGPT, DGV, DPTV) verfügen ebenfalls über Therapeutenlisten, die auch über das Internet abgerufen werden können. In der Schweiz und in Österreich helfen die Berufsverbände weiter (Adressen im Serviceteil).

Die Informationen per Telefon wie über das Internet können allerdings immer nur so umfassend sein, wie die Meldung durch die Therapeuten stattfindet und vollständig ist. Manche Krankenkassen haben Listen, in denen die zugelassenen Psychotherapeuten verzeichnet sind. Wenn nicht, haben Sie die Telefonnummer der zuständigen Kassenärztlichen Vereinigungen, die Auskunft geben können. In Bayern z. B. gibt es bei der Kassenärztlichen Vereinigung eine »Koordinationsstelle Psychotherapie«. Dort haben die meisten Psychotherapeuten Spezialisierungen auf bestimmte Störungen, die Zahl der freien Therapieplätze sowie die Länge der Wartezeit gemeldet. Aussagen über die Qualität der Therapie werden jedoch nicht gemacht. Wer dieses Angebot nutzt, kann dies nur zum Ausgangspunkt seiner Suche machen.

Die meisten zugelassenen Psychotherapeuten, deren Behandlung von den Krankenkassen bezahlt wird, sind auch in einem Branchenverzeichnis (z.B. Gelbe Seiten) zu finden. Unter dem Stichwort »Psychotherapie« werden überwiegend die Psychologischen Psychotherapeuten aller Therapierichtungen genannt. In der Rubrik »Fachärzte« finden sich auch die Fachärzte für

Psychotherapie. Wichtig ist die Unterscheidung zur Berufsgruppe der Psychiater. Diese befassen sich mit der medikamentösen Behandlung von psychischen Erkrankungen und sind nur von Fall zu Fall auch gleichzeitig Fachärzte für Psychotherapie (siehe das Kapitel »Ausbildungswege in der Psychotherapie«).

Anrufen und sich erkundigen, wo die Wartezeiten am kürzesten sind oder wer am Telefon am sympathischsten klingt, können als Auswahlkriterien reichen. Auf den Versuch kommt es an und auf den Eindruck nach dem ersten persönlichen Kontakt. Da keine Überweisung oder Ähnliches erforderlich ist, kann das unkompliziert ablaufen. Unter der Voraussetzung, dass die Kassenzulassung vorliegt, reicht es, die Versicherungskarte mitzunehmen. Die Klienten haben freie Auswahl unter den zugelassenen Psychotherapeuten ihrer Region. Es steht ihnen auch frei, bei unterschiedlichen Psychotherapeuten Probegespräche zu führen. Jeweils bis zu fünf probatorische Sitzungen werden von den Versicherungen bezahlt, auch bei unterschiedlichen Therapeuten.

Jede Therapie ist immer auch ein Lösungsexperiment. Deshalb ist es für den Hilfesuchenden wichtig, den ersten Schritt als Versuch zu betrachten und sich nicht unter Druck zu setzen nach dem Motto: »Wenn ich anfange, dann muss ich das auch durchziehen.« Meist folgt dann der Gedanke: »Deshalb fang ich lieber erst gar nicht an!« Ob die ausgewählte Therapiemethode Sinn macht, sollte der Betroffene zusammen mit dem Therapeuten entscheiden.

Natürlich dürfen Hilfesuchende verschiedene Therapierichtungen und Therapeuten ausprobieren, sie müssen sich auch nicht schon nach der ersten Probestunde entscheiden. Klienten sollten sich und dem Therapeuten möglichst eine Chance für eine zweite Stunde geben, wenn die erste nicht aus klar ersichtlichen Gründen »falsch gelaufen« ist. Fragen, die bei der Entscheidung für einen Therapieplatz helfen können, finden sich im Kapitel »Probatorische Sitzungen: die Entscheidung«.

Schnelle Hilfe bei akuten Problemen

Nach einem traumatischen Erlebnis oder in einer akuten Krisensituation ist oft schnelle Hilfe angesagt. Manche Therapeuten bieten für solche Situationen einige wenige Krisensitzungen an. Das muss erst mühsam telefonisch abgefragt werden. Der Übergang in eine unmittelbar anschließende »normale« Therapie mit regelmäßigen, wöchentlichen Sitzungen wäre sinnvoll, ist aber oft nicht möglich.

Nur in einigen Bundesländern gibt es einen psychiatrischen Notfalldienst. Dieser ist über die Notrufleitstellen zu erreichen. Bei schweren psychischen Krisen muss der Hausarzt aufgesucht werden, der dann die entsprechenden Notfallmaßnahmen ergreift. Entweder wird er selbst eine meist medikamentöse Behandlung übernehmen, eine Überweisung zu einem Facharzt (Psychiater) ausstellen oder die Einweisung in eine entsprechende Klinik einleiten. Manche Kliniken haben ein spezielles Angebot für Kriseninterventionen. Der Aufenthalt ist zeitlich auf einige Tage begrenzt und die medikamentösen Interventionen sind in der Regel eher vorsichtig.

In größeren Städten gibt es Notruf-Beratungsstellen. Im Fall von Gewalthandlungen gegen Frauen und Mädchen z. B. sind diese Einrichtungen erste Anlaufstellen für die Betroffenen. Beratungsangebote im Suchtbereich oder bei Familienkonflikten finden sich in den meisten Kommunen. Oft kann auch eine

Selbsthilfegruppe ein hilfreicher Ansprechpartner sein. Gelegentlich liegt in den Gesundheitsämtern und Stadtverwaltungen eine Art psychosozialer Beratungsführer aus, der Auskunft gibt über unterschiedliche Anlaufstellen.

Meistens erfolgt die Suche nach einem Psychotherapieplatz zeitlich verschoben, also erst, wenn das einschneidende Lebensereignis nicht nach einer angemessenen Zeit bewältigt ist oder die Störung immer wieder auftritt.

Ambulante Psychotherapie oder Klinikaufenthalt?

Grundsätzlich gilt, dass eine Therapie – welcher Art auch immer – am natürlichen Umfeld und am Alltag der betroffenen Person orientiert sein sollte. Lösungsschritte und persönliche Veränderungen sind dann am wirkungsvollsten, wenn das bestehende System in dem Prozess berücksichtigt wird. Auch das soziale Umfeld und die Familie müssen »mitwachsen«, um neue oder zusätzliche Konflikte zu bearbeiten, die durch individuelle Veränderungen entstehen können. Je weiter weg die Therapie von den gewachsenen Strukturen stattfindet, umso größer ist die Gefahr des Kontaktverlusts und der Reintegrationsprobleme. Deshalb ist eine ambulante Therapie vor Ort mit Verbleib in den gewohnten Bezügen einer stationären Behandlung grundsätzlich vorzuziehen.

Es gibt aber Krankheitszustände, in denen die Betroffenen Schutz und Entlastung benötigen. Wenn der emotionale Druck zu groß wird, dann ist ein Aufenthalt in einer psychiatrischen Klinik oft die kurzfristig wirkungsvollste Lösung.

BEISPIEL »Mein Mann hat mich keine Minute mehr allein gelassen. Wenn er zur Arbeit musste, ist meine Mutter gekommen.

Wenn ich Essen gekocht hab, hab ich die Küche nicht mehr verlassen, weil ich ständig Angst hatte, der Herd könnte noch an sein und das Haus abbrennen. Ich hatte vor allem Angst. Das war wirklich kein Leben mehr. Ich war froh, als ich in der Klinik war und an nichts mehr zu denken brauchte und mich um nichts mehr kümmern musste.«

In der Akutpsychiatrie liegt der Schwerpunkt in der Regel auf der Behandlung mit Medikamenten. Je nach Behandlungskonzept der Klinik oder der zuständigen Ärzte werden z. B. bei akuten Psychosen oder schweren Depressionen Psychopharmaka gegeben. Eine punktgenaue Reduzierung z. B. nur der Angst ist aber mit chemischen Substanzen nicht möglich. Es werden immer das gesamte Gefühlsspektrum, die Denkabläufe und die Motorik durch Medikamente beeinflusst. Daraus entstehen für die Betroffenen mehr oder weniger starke Nebenwirkungen, die eine Belastung darstellen können. Die Betroffenen nehmen diese aber in Kauf, wenn sie den Eindruck haben, dass die Folgen der psychischen Erkrankung noch viel schwerer zu ertragen wären.

Psychotherapie im engeren Sinn findet in der Psychiatrie bei akuten Erkrankungen kaum statt. Manchmal werden psychologische Gespräche angeboten zur Bewältigung der oft sehr bedrohlich empfundenen Krisensituation. Die Angehörigen werden einbezogen, um gemeinsam eine Perspektive zu entwickeln. Es kann sein, dass die Verlegung in eine spezielle Abteilung innerhalb der Klinik erfolgt, um dort eine Psychotherapie in Gruppen oder in Einzelsitzungen anzuschließen. Hinzu kommen oft andere therapeutische Maßnahmen wie Ergotherapie, Gestaltungstherapie, Bewegungstherapie, je nach Ausstattung der Einrichtung.

Neben den psychiatrischen Kliniken oder den psychiatrischen Abteilungen in den regionalen Versorgungskrankenhäusern gibt es Fachkliniken mit spezialisierten Psychotherapiestationen für bestimmte Störungsbilder. Wenn ein Aufenthalt in einer Fachklinik erforderlich ist, dann besteht meist kein so großer Zeitdruck und die Auswahl einer qualifizierten Einrichtung kann in Ruhe erfolgen. Wichtig ist dabei, die Erfahrungen von anderen, z. B. von Selbsthilfegruppen, zu nutzen.

Je nach individuellem Krankheitsbild und persönlicher Einstellung wird die Unterbringung in einer Klinik unterschiedlich erlebt. Die einen empfinden es als Entlastung, aus dem Alltag mit seinen Anforderungen herauszukommen und die Verantwortung für sich erst einmal abzugeben, die anderen fühlen sich rausgerissen aus ihrem Leben, eingesperrt und ausgeliefert. Inwieweit ein Klinikaufenthalt eine Hilfe darstellt, hängt sehr von dem jeweiligen Konzept der Einrichtung ab. Sogar innerhalb einer Klinik können sich die verschiedenen Abteilungen in der Qualität der Behandlung unterscheiden. Psychiatrieerfahrene Menschen sind häufig die besten Fachleute und können Rat geben.

Möglich ist auch der Übergang in eine Tagesklinik. Dort nehmen die Patienten an den bestehenden Angeboten den Tag über teil und verbringen die Nacht und das Wochenende zu Hause in ihrem gewohnten Umfeld. Manche Kliniken bieten auch die Möglichkeit, nur die Nacht auf einer Nachtstation zu verbringen und tagsüber so weit möglich einer Berufstätigkeit oder der Familienarbeit nachzugehen. Je differenzierter das Angebot einer Klinik ist, umso besser kann es dem individuellen Bedarf gerecht werden.

Nach der Entlassung besteht die Möglichkeit, auf Wunsch eine ambulante Psychotherapie aufzunehmen. Manche Kliniken ver-

fügen über eine psychiatrische Ambulanz, wo die Patienten die psychiatrische, meist medikamentöse Behandlung fortsetzen können.
Die moderne Psychiatrie verfügt potenziell über lösungsorientierte Angebote, die am Bedürfnis des betroffenen Menschen ausgerichtet sind. Die Konzepte, die Qualifikation des Personals und die Qualität der Behandlung unterscheiden sich jedoch erheblich. Viele Patienten blicken mit großer Zufriedenheit auf ihren Aufenthalt in der Psychiatrie zurück, andere klagen über die abwertende Einheitsbehandlung. Gerade aus diesem Grund ist es wichtig, sich genau zu informieren und auch die Erfahrungen von Selbsthilfegruppen zu nutzen (siehe Serviceteil).

---- **Psychotherapie und Psychopharmaka**

Bei manchen psychischen Störungen sind die Symptome so belastend, dass Medikamente Erleichterung schaffen können. Wahnvorstellungen, Angst und Depression können so bedrohlich und unerträglich werden, dass Klienten nicht mehr in der Lage sind, mit der nötigen Intensität aktiv in der Psychotherapie an ihren Problemen mitzuarbeiten. Dann kann es erst einmal nur um Linderung und Entlastung gehen. Bei stark ausgeprägten psychischen Störungen wie z. B. Psychosen und schweren Depressionen sind Medikamente unverzichtbar. Fachärzte wie Psychiater sind dafür die zuständigen Anlaufstellen. Wenn die Krise ambulant nicht zu bewältigen ist, muss ein Klinikaufenthalt in Betracht gezogen werden.
Nach der akuten Krise stellt sich aber recht schnell die Frage nach dem weiteren Umgang mit den Medikamenten. Wie hoch muss die Dosis sein? Wie lange muss das Medikament einge-

nommen werden? Ist es das optimale Medikament oder ist eine Umstellung sinnvoll? Bedarf es einer Einstellung auf eine Dauermedikation? Wie ist mit möglichen Nebenwirkungen umzugehen? Wie können die Klienten ein Leben mit Medikamenten akzeptieren lernen? All diese Fragen sind nur im Einzelfall zu beantworten und bedürfen einer gründlichen Überprüfung. Wenn jemand während einer Psychotherapie Psychopharmaka einnimmt, dann wird das auch in den Sitzungen ein Thema sein. Wenig Sinn macht es, im Therapieprozess ständig die Dosis zu senken oder zu steigern oder das Medikament zu wechseln. Psychotherapie zielt darauf ab, die persönlichen Kompetenzen zu erhöhen und die Störung dadurch zu verringern oder zu beseitigen. Es ist wichtig, dass Klienten Veränderungen auch auf ihr eigenes Handeln zurückführen. Damit das möglich ist, sollten keine unkontrollierten »Experimente« mit den Medikamenten stattfinden, weil sonst nicht klar ist, worauf die Veränderungen zurückzuführen sind.

Die Reduzierung oder Absetzung eines Medikaments kann selbstverständlich von den Klienten als Therapieziel definiert werden. Dann werden der Klient (ggf. auch die Angehörigen), die Psychotherapeutin und der für die Medikamentenbehandlung zuständige Psychiater gemeinsam nach sinnvollen Reduktionsschritten in überprüfbaren Intervallen suchen. Es macht keinen Sinn, ein Medikament einfach ohne Rücksprache und psychiatrische Begleitung abzusetzen.

Spannungsfeld Psychiatrie – Psychotherapie

Immer wieder kommt es vor, dass Klientinnen und Klienten eine unterschwellige Skepsis oder gar Konkurrenz zwischen den verschiedenen Angebotssystemen spüren. Die Therapeutin reagiert vielleicht zurückhaltend, wenn es um die Einnahme von Psychopharmaka geht. Die Psychiaterin oder der Hausarzt zeigen Skepsis und sind zögerlich, wenn die Klientin die Frage nach einer Psychotherapie stellt. Die Hilfesuchenden merken diese Spannungen meist deutlich. Sie fühlen sich noch mehr verwirrt und verunsichert, als sie aufgrund ihrer psychischen Probleme sowieso schon sind. Wenn dieses Problem auftritt, dann sollte es gleich zu Beginn der jeweiligen Therapie angesprochen werden. Ein offener Umgang und klare Aussagen von den Fachleuten sind besser als unausgesprochene, heimliche Vorbehalte.

Grundsätzlich sind Therapeuten und Ärzte dazu verpflichtet, im Sinne der Klienten zusammenzuarbeiten. Das darf nicht über den Kopf des Betroffenen hinweg geschehen, sondern muss eine Zustimmung und aktive Beteiligung aller Personen beinhalten. Da der Mensch immer als ganze Person Hilfe sucht, nicht unterteilt in seine spirituellen, physiologischen oder sozialen Aspekte, ist es wichtig, eine ganzheitliche Sichtweise und ein möglichst umfassendes Angebot zu machen. Darauf haben die Klienten einen Anspruch. Der Konflikt der Fachleute darf nicht auf dem Rücken der Klienten ausgetragen werden.

Gut, dass es in der Praxis auch sehr viele Beispiele nützlicher und hilfreicher Zusammenarbeit zwischen den Profis zum Wohl der Klienten gibt. Oft gibt es eine enge Zusammenarbeit und Vernetzung zwischen Medizinern und Psychotherapeuten, die über viele Jahre gemeinsamer Erfahrungen gewachsen ist. Die Hausärzte wissen um die Spezialisierungen oder besondere Stärken bestimmter Therapeuten und können so gezielt Patienten vermitteln. Dieser Zugangsweg zur Psychotherapie ist sehr wünschenswert und für die Patienten der einfachste.

Der Therapieablauf

Es ist wichtig, sich von der ersten Hürde auf dem Weg zur Psychotherapie nicht beeindrucken zu lassen: dem Anrufbeantworter. Psychotherapeuten haben nur sehr selten eine Bürokraft, die die Anrufe entgegen nimmt. Während der Sitzungen können Therapeuten nicht ans Telefon gehen. Deshalb werden für gewöhnlich knapp bemessene, aber regelmäßige Zeiten angegeben, in denen die Therapeutin oder der Therapeut persönlich zu sprechen sind. Die erste Zuverlässigkeitsprüfung besteht darin, festzustellen, ob die Therapeuten dann auch tatsächlich zu erreichen sind. Gleichzeitig sehen sich die Klienten ihrer ersten Motivationsprüfung gegenüber, ob und wann sie den entscheidenden Anruf tätigen. Oft sind schon die Angaben über die Wartezeiten wenig ermutigend. Trotzdem sollte ein Termin für ein Erstgespräch in Anspruch genommen werden, weil nur dann klar wird, ob sich das Warten auf den Therapieplatz lohnt oder nicht.

Das Erstgespräch

Durch das Erstgespräch erhalten die Therapeuten einen ersten Eindruck über den Anlass des Therapiewunsches (vgl. das Gespräch mit Frau A., »Brauche ich wirklich eine Psychotherapie?«). Möglicherweise kann schon im Erstkontakt entschieden werden, ob eine Psychotherapie zur Lösung des Problems sinnvoll ist, ob eine Weiterleitung an andere Fachleute, möglicherweise sogar ein Klinikaufenthalt notwendig erscheint oder ob z.B. der Besuch einer Beratungsstelle oder Selbsthilfegruppe ein hilfreicher Schritt sein könnte.

Der erste Eindruck ist oft entscheidend für den weiteren Verlauf. Die persönliche Sympathie spielt eine große Rolle. Für die Klienten ist es wichtig, ob sie sich den Aufbau einer vertrauensvollen Beziehung mit Hoffnung auf Veränderung vorstellen können. Das setzt voraus, dass auch die Professionellen ihre Kompetenzen nachweisen und sich als Personen zeigen.

Klienten sind Kunden bei Dienstleistern im Gesundheitssystem. Die Therapeuten wollen ihre Arbeit anbieten und müssen sie deshalb auch entsprechend vorstellen und transparent machen. Die Klienten haben ein Recht auf ausführliche Informationen. Manche Therapeuten haben ihre Basisinformationen schriftlich fixiert und geben ihren Klienten Informationsblätter in die Hand. Es muss von der Struktur der Sitzung her klar sein, dass es sich nicht schon um eine Therapiesitzung handelt, sondern um ein Erstgespräch im Rahmen der probatorischen Sitzungen.

Die Klienten brauchen nicht sofort einen neuen Termin zu vereinbaren, sondern sollten sich Zeit für eine Entscheidung nehmen. Sie dürfen natürlich auch weitere Erstgespräche bei anderen Therapeuten führen, bevor sie sich entscheiden. Eine Entscheidung muss erst nach fünf probatorischen Sitzungen getroffen werden, bei der Psychoanalyse sogar erst nach acht. Wichtig ist, sich nicht unter Druck zu setzen, sondern dem eigenen Eindruck zu vertrauen. Wenn schon am Anfang große Skepsis und Unwohlsein bestehen, dann wird es in einem eventuell lange dauernden Therapieprozess vermutlich mühsam.

Hilfreiche Fragen für die erste Stunde:
- Mit welcher Therapiemethode wird gearbeitet, wie läuft das ab?
- Wie ist die Ausbildung und Berufserfahrung der Therapeutin oder des Therapeuten?
- Wie wird die Sitzungshäufigkeit geklärt?
- Wie viel Zeit nimmt eine Sitzung in Anspruch?
- Wie lange dauert die ganze Therapie voraussichtlich?
- Wie laufen die Sitzungen ab?
- Was passiert, wenn eine Therapiesitzung kurzfristig abgesagt oder versäumt wird?
- Was ist bei Krankheit?
- Welche Urlaubsregelungen gibt es?
- Welche besonderen Regeln oder Rahmenbedingungen gibt es in der Praxis noch?
- Wie sieht es mit der Schweigepflicht aus?
- In welche Unterlagen haben die Klienten Einsichtsrecht?
- Wie wird mit dem Informationsbedürfnis der Angehörigen umgegangen?
- Wie verläuft ein Kontakt mit anderen Fachleuten?
- Wie lange ist die Wartezeit?
- Wie funktioniert die Anmeldung?
- Was ist für einen Kassenantrag erforderlich (oder wie ist die Bezahlung zu regeln)?

Probatorische Sitzungen: die Entscheidung

Vor Beginn der Therapie besteht die Möglichkeit, maximal fünf (bei Psychoanalyse acht) probatorische Sitzungen durchzuführen. Das Erstgespräch ist eine davon. Diese fünf Sitzungen können ohne Antragsverfahren bei einem Therapeuten eigener

Wahl in Anspruch genommen werden. In der Regel ist es möglich, bei mehreren unterschiedlichen Therapeuten jeweils fünf probatorische Sitzungen in Anspruch zu nehmen.

Da probatorische Sitzungen schlechter bezahlt werden als reguläre Sitzungen (vgl. »Was bezahlt die gesetzliche Krankenkasse?« im Serviceteil), kann es passieren, dass Therapeuten schon vor der fünften Sitzung mitteilen, die »richtige« Therapie könne nun beginnen. Falls die Entscheidung bereits gefallen ist, wird das für die Klienten kein Problem sein. Wenn sie aber noch nicht soweit sind, sollten sie sich nicht scheuen, dies zu sagen. Meistens werden sie Verständnis finden. Falls nicht, könnte es ihre Entscheidung für oder gegen diesen Therapeuten mitbestimmen.

Die Probesitzungen verfolgen unterschiedliche Ziele. Neben der Vertiefung der Informationen und Themen aus dem Erstgespräch entsteht in dieser Phase ein erster Überblick über die Problemlage. Aus welchem Anlass kommt jemand zu diesem Zeitpunkt in diese psychotherapeutische Praxis? Wie sieht das Problem aus und wie schwerwiegend wird es wahrgenommen? Was für Lösungsversuche gab es vorher schon, was war nützlich, was nicht? Wie stellen sich die Klienten ihr Leben nach der Therapie vor? In dem Gespräch wird auch geklärt, wie die Motivation der Klienten ist, für wie dringend die Therapie gehalten wird und welche Vorerfahrungen schon vorhanden sind. Thema ist auch die Entwicklung des Problems. Wann ist es erstmalig aufgetreten, wie war der weitere Verlauf, gibt es Schwankungen oder ist es immer gleich usw.?

Wie schon zuvor betont, werden der Ablauf und die Fragestellungen während der probatorischen Sitzungen je nach Therapierichtung variieren. Es kann aber sinnvoll sein, sich selber vorher schon mal Gedanken darüber zu machen. Die Klienten entwickeln in der Regel ein Gefühl dafür, ob sie mit der Vorgehensweise der Therapeutin etwas anfangen können oder nicht. Dabei spielt nicht nur die Methode, sondern auch die Kommunikation und Sympathie eine große Rolle. Gelingt eine Verständigung über das Problem und die tendenzielle Zielrichtung, wächst auch die Hoffnung auf Veränderung.

Die Klienten können sich Zeit nehmen mit ihrer Entscheidung für oder gegen eine Therapie. Die Teilnahme an den probatorischen Sitzungen verpflichtet sie zu nichts. Viele Therapeuten bieten eine Bedenkzeit und Entscheidungshilfen an. Manche geben Fragebögen aus, die unter anderem auch den individuellen Entscheidungsprozess für oder gegen die angebotene Therapie unterstützen können. Wichtig ist in dieser Phase, Zweifel auszuräumen und eine gewisse Grundsicherheit zu erlangen, die deutlich mehr für als gegen diese Therapie zu diesem Zeitpunkt, mit dieser Methode und dieser Therapeutin spricht.

Letzteres ist oft die entscheidende Frage. Vielleicht können nicht all diese Fragen eindeutig positiv beantwortet werden, aber tendenziell sollte die Richtung stimmen.

Einige Fragen, die bei der Entscheidung für einen Therapieplatz helfen können:

Fühle ich mich verstanden, ernst genommen und akzeptiert in der Sitzung?
- Besteht ein grundsätzliches Einverständnis oder ist die Kommunikation schwierig?
- Zeigt sich die Therapeutin oder der Therapeut eher abwartend oder aktiv eingreifend und wie passt das zu den persönlichen Erwartungen?
- Sind Fragen erwünscht und werden sie beantwortet?
- Sind die Antworten, Kommentare und Deutungen aufschlussreich und führen sie zu neuen Erkenntnissen oder sind sie eher verwirrend?

Stimmen die Rahmenbedingungen?
- Wird der Termin eingehalten und bleibt die Therapeutin aufmerksam bis zum Ende der Sitzung?
- Sind der Raum und das Arrangement der Gesprächssituation ansprechend?
- Wird das Vorgehen transparent gemacht, wirkt es planvoll oder eher zufällig?
- Wie geht die Therapeutin mit Informationen an Dritte, an Ärzte, Gutachter und Familienangehörige um?

Entwickelt sich Hoffnung auf positive Veränderung?
- Wächst das Gefühl der Ermutigung?
- Entwickelt sich eine Vorstellung davon, wie lange die Therapie dauern wird und was sich in diesem Zeitraum ändern kann?
- Erscheinen die vorgestellten Möglichkeiten und Methoden hilfreich?
- Entwickelt sich eine Zielvorstellung für die Therapie, besteht Akzeptanz dafür?
- Wie ist die Ausbildung der Therapeutin bzw. des Therapeuten und wie viel Berufserfahrung liegt vor?
- Passt das persönliche Auftreten und die Art der Therapeutin, »stimmt die Chemie«, entsteht Vertrauen?

Der Konsiliarbericht

Zwischen Probesitzungen und Beginn der eigentlichen Therapie liegt noch ein weiterer Schritt: der ärztliche Konsiliarbericht. Dieser ist vor Beginn jeder psychotherapeutischen Behandlung Pflicht – wenn es sich um eine kassenfinanzierte Psychotherapie handelt. Zwar haben Hilfesuchende ein Erstzugangsrecht zur Psychotherapie, d. h., sie können ohne Überweisung vom Arzt selbstständig eine psychotherapeutische Praxis aufsuchen, wenn sie ihre Chipkarte mitbringen und die zehn Euro Praxisgebühr bezahlen. Dennoch ist eine ärztliche Abklärung möglicher körperlicher Störungen im Zusammenhang mit dem psychischen Problem erforderlich. Dieser sogenannte Konsiliarbericht wird auf Verlangen der Klientin vom Haus- oder Facharzt erstellt. Ein Formblatt dazu sollte in jeder Arztpraxis vorliegen.

Die Stellungnahme des Arztes bezieht sich in erster Linie auf die medizinische Untersuchung und den entsprechenden Befund. Eine psychologische Diagnose ist nicht erforderlich, weil dafür die Psychotherapeutin zuständig ist. Falls eine Kooperation und Weitergabe von Informationen über den Bericht hinaus zwischen Mediziner und Psychotherapeutin erforderlich ist, bedarf es einer Schweigepflichtentbindung durch die Klientin.

Die Antragstellung und der Beginn der Therapie

Spätestens nach der letzten probatorischen Sitzung wird der Antrag des Klienten auf Psychotherapie, ein Formblatt des Therapeuten und der Konsiliarbericht (ohne Text) an die Krankenkasse geschickt. Beim Antrag auf Langzeittherapie wird zusätzlich der anonymisierte Textteil des Konsiliarberichts zusammen mit dem Bericht an den Gutachter weitergeleitet.

Es kommt so gut wie nie vor, dass ein Erstantrag nicht bewilligt wird. Wenn folgende Voraussetzungen gegeben sind: Diagnose, Vorliegen eines ärztlichen Konsiliarberichts, alle Formulare vollständig ausgefüllt, dann liegt kein Grund zur Ablehnung vor (mehr zur Finanzierung der Psychotherapie im Serviceteil).

Spätestens zum Zeitpunkt der Antragstellung müssen sowohl die formalen Bedingungen der Therapie als auch das methodische Vorgehen klar sein. Je nach Therapierichtung und persönlichen Vorlieben der Therapeuten werden diese Fragen mehr oder weniger explizit geklärt. Manche besprechen sie gleich beim Erstkontakt oder geben den Klienten ein Informationsblatt mit. Die Klienten haben jedoch jederzeit das Recht, diese Fragen zu klären, wenn es von den Therapeuten so nicht angeboten wird. Die Zusammenarbeit basiert auf einem mehr oder weniger expliziten Vertrag als wichtigen Teil eines Arbeitsbündnisses. Wenn die gegenseitigen Anforderungen und Erwartungen offen liegen, bestehen gute Chancen für eine erfolgreiche Zusammenarbeit.

Zwischen Klienten und Therapeuten sollte auch ein Grundkonsens hinsichtlich der Therapieziele bestehen. Wenn z. B. ein alkoholabhängiger Klient kontrolliertes Trinken zum Ziel hat und der Therapeut dieses Ziel für unerreichbar hält, weil er nur totale Abstinenz als Lösung sieht, dann wird die Zusammenarbeit schwierig.

---- Wozu eine Diagnose?

Im Antrag auf Psychotherapie an die Krankenkasse muss eine Diagnose stehen. Auch für die Planung der Therapie kann eine Diagnose nützlich sein. Sie wird die Definition der Ziele und damit auch die Schwerpunkte der therapeutischen Intervention beeinflussen. Auch die verschiedenen Therapierichtungen haben Theorien darüber entwickelt, welche therapeutischen Maßnahmen bei welchen Störungen (Diagnosen) sinnvoll sind. Die Diagnose sollte jedoch immer über die Klassifikation der Störung hinausgehen und die Lebensgeschichte miteinbeziehen. Die Diagnostik erfolgt in einem gemeinsamen Prozess zwischen Klientin und Therapeutin mit Blick auf den Zweck der Diagnose.

Je nach Therapierichtung werden verschiedene biografische, lebensgeschichtliche und problembezogene Daten erhoben (Anamnese). Dabei werden viele Fragen gestellt, die der genauen Feststellung der Diagnose dienen. Die Fragen können allgemein gehalten sein, sich aber auch auf die ganz konkrete Lebenssituation beziehen. Dabei kann es, je nach Problemlage, sehr intim werden. Es ist wichtig, ausführlich zu antworten, aber gleichzeitig auch auf die eigenen Grenzen zu achten. Keine Therapeutin wird ihrer Klientin Vorwürfe machen, wenn nicht alle Informationen gleich in den ersten Sitzungen offen gelegt werden. Es gibt keine falschen Antworten. Die Sichtweise der Klienten wird akzeptiert und ernst genommen.

Fragen, die bei der Anamneseerhebung üblich sind:
- Angaben zur Person.
- Auskünfte über die augenblickliche Lebenssituation, zu Kindern und Partnern.
- Welche Auffälligkeiten gab es in der Kindheit?
- Liegen Informationen über psychische Erkrankungen in vorherigen Generationen vor?
- Wie waren die Beziehungen in der Herkunftsfamilie?
- Gab es vor dieser Krankheitsepisode schon einmal ähnliche Störungen?
- Wann, unter welchen Bedingungen und wie häufig treten diese Symptome auf?
- Welche Gedanken, Gefühle und Körperbefindlichkeiten sind damit verbunden?
- Welche Reaktionen und mögliche Konsequenzen ergeben sich daraus?
- Wie ist der genaue Ablauf?
- Wie intensiv sind die Beschwerden?
- Welche Personen sind an der Aufrechterhaltung dieser Bedingungen beteiligt – jetzt und früher?
- Wie lange besteht die Störung schon?
- Wie war der Beginn oder durch welches Erlebnis wurde die Störung ausgelöst?
- Hat sich das Problem im Laufe der Zeit verändert?
- Gibt es auch Situationen, in denen das Problem nicht auftritt?
- Was haben Sie bisher schon dagegen unternommen?
- Was hat wie gewirkt?
- Welche Medikamente nehmen Sie ein?

Manche Therapeuten machen verschiedene psychologische Tests, um kognitive Fähigkeiten wie Konzentrations- und Leistungsverhalten zu prüfen, aber auch um Emotionen und Einstellungen besser beschreiben zu können. Andere lassen Fragebögen z. B. zur lebensgeschichtlichen Entwicklung, zur Persönlichkeitsstruktur oder zum Konfliktverhalten ausfüllen oder führen das Anamnesegespräch anhand eines Leitfadens durch, der wie ein Fragebogen ausgefüllt wird. Das dient dazu, Informationen systematisch zu erheben, zu sammeln, zu strukturieren und so eine nachprüfbare Grundlage für die Diagnose zu schaffen. In einem Gespräch können die Therapeuten und Klienten über die Ergebnisse der Tests und Fragebögen sprechen. Ein Geheimnis sollte daraus nicht gemacht werden. Die Aussagen sind nicht überzubewerten. Um ein einigermaßen zuverlässiges Gesamtbild von der Person und der Störung zu erhalten, müssen viele Informationen verarbeitet werden.

Die Beschreibungen der Klienten stellen die Hauptinformationsquelle für die Diagnosestellung dar. Wenn bereits vorher psychotherapeutische Maßnahmen z. B. bei einem Klinikaufenthalt, in einer Beratungsstelle oder in einer anderen Praxis stattgefunden haben, dann liegt möglicherweise ein Bericht darüber vor. Dieser kann in die Diagnosestellung einfließen.

Gelegentlich werden auch Angehörige eingeladen, um von ihnen ergänzende Informationen zu erhalten. Es kommt auch vor, dass die Therapeutin ein Gespräch mit dem überweisenden Arzt oder vorherigen Therapeuten führen möchte. In beiden Fällen ist dies nur mit dem Einverständnis des Klienten möglich, das heißt, er muss die Therapeutin von der Schweigepflicht entbinden. Dies ist grundsätzlich Voraussetzung für jede Art von Gesprächen der Therapeutin mit Dritten.

Die Diagnose hat bei den Fachleuten einen unterschiedlichen Stellenwert. Die Spannbreite reicht von einer mehr formalen Diagnosestellung für den Kassenantrag bis hin zu einer ausgefeilten Detaildiagnose, die möglichst alle therapeutischen Maßnahmen von Anfang an klar vorgibt. Auf jeden Fall sollte der Diagnoseprozess und die Diagnose selbst zum Nutzen der Hilfesuchenden stattfinden und sie nicht unnötig ängstigen, die Störung nicht festschreiben und den Menschen nicht stigmatisieren. Besonders eine negative Prognose kann kontraproduktiv sein, weil sie den Betroffenen entmutigt, aktiv gegen die Erkrankung anzugehen. Wenn die Diagnose richtig ist, kann sie ausgesprochen nützlich sein:

BEISPIEL »Ich hatte andauernd Schmerzen! Meistens im Bauchraum, mal mehr, mal weniger. Ich hab so ziemlich alles an Untersuchungen durchgemacht, was es gibt. Ich war bei zig Fachleuten und jeder hat was anderes Unverständliches gesagt und meistens gar nichts Genaues. Die haben mich schon behandelt wie eine ›eingebildete Kranke‹. Ich hab mich auch von der Stimmung her immer schlechter gefühlt. ›Das ist psychisch‹, hat meine Freundin immer wieder gesagt. Als ich ein paar Sitzungen bei der Psychotherapeutin war, hat sie gesagt, dass ich vermutlich eine Somatisierungsstörung habe. Sie hat erklärt, was das genau ist und was ich dagegen tun kann. Ich war vielleicht froh, dass das Kind endlich einen Namen hatte. Richtig erleichtert hat mich das. Schon allein davon ging es mir besser.«

Für diese Frau ist es offensichtlich hilfreich, eine Diagnose mit Erklärungswert zu bekommen, die ihr einleuchtet und der sie vertrauen kann.

Jetzt erkennt sie, dass psychische Probleme sich auch in körperlichen Schmerzen ausdrücken können, die offenbar mit konkreten Maßnahmen behandelt werden können, die bei ihr Hoffnung auf Veränderung wecken.

Umgang mit Diagnosen

Grundsätzlich ist eine Diagnose nicht mehr als ein Etikett mit einer differenzierten Störungsbeschreibung, auf das sich Fachleute geeinigt haben. Eine Diagnose sagt nichts aus über den Charakter eines Menschen, sondern benennt ausschließlich eine zum Untersuchungszeitpunkt bestehende Störung. Sie beschreibt die aktuellen Symptome und enthält Hypothesen über auslösende Faktoren und den zu erwartenden Verlauf der psychischen Störung. Allerdings können Ursachen und Verlauf individuell so unterschiedlich sein, dass diese allgemeinen Aussagen im Rahmen einer Diagnose nicht überbewertet werden sollten.

Es ist wichtig, eine Diagnose nur als eine von vielen Informationen über den eigenen psychischen Zustand zu betrachten. Niemand muss eine Diagnose als persönliches Etikett akzeptieren. Um jedoch von der Krankenkasse eine Psychotherapie bezahlt zu bekommen, muss eine Diagnose oder eine gut begründete Annahme über eine Diagnose vorliegen. Nur wenn eine Störung Krankheitswert hat, also die diagnostischen Kriterien erfüllt, dann ist die Krankenkasse zuständig. Alles andere ist Selbsterfahrung, dient zwar der persönlichen Weiterentwicklung und kann psychologisch sehr sinnvoll sein, ist aber eben keine Störung mit Krankheitswert.

Wie in dem obigen Beispiel beschrieben, kann es für die Betroffenen nützlich sein, einen Namen für ihre Krankheit zu haben. Dann ist klar, was los ist, und eine Gegenmaßnahme ist leichter zu finden.

Eine Diagnose kann aber auch dazu verleiten, sich und die Störung der Behandlung anderen zu überlassen. Wenn mit der

»Chemie im Kopf« etwas nicht stimmt, die Störung physiologisch bedingt ist, dann liegt das jenseits der eigenen Verantwortung und dient gelegentlich als »Entschuldigung« für die persönliche Inaktivität. Richtig ist: Manche psychische Störungen haben etwas mit der »Chemie« zu tun, aber alle haben etwas mit der individuellen unbefriedigenden Lebensweise und den erlernten Bewältigungskompetenzen zu tun. Ohne Anstrengung lässt sich daran nichts verändern. Wenn die Diagnose gebraucht wird, um diesen Zustand aufrechtzuerhalten, dann schadet sie eher als dass sie nützt.

Immer wieder nehmen Klienten die Diagnose als zusätzliche Bürde wahr, weil sie von der Umwelt negativ bewertet wird. Psychische Krankheiten sind wenig »salonfähige« Störungen der Gesundheit. Das Wissen über diese Art von Problemen ist in der Bevölkerung sehr gering, deshalb erfolgt schnell eine Stigmatisierung und wird von den Betroffenen auch befürchtet.

Menschen mit einer psychiatrischen Diagnose werden sich genau überlegen, wen sie ins Vertrauen ziehen. Gerade am Arbeitsplatz sind die Befürchtungen groß, als nicht mehr belastbar und schwach wahrgenommen zu werden. Auch im Freundeskreis könnten die Betroffenen vielleicht vom Unverständnis einiger enttäuscht werden. Andererseits machen viele Menschen die Erfahrungen, dass sie, sobald sie von ihrer Psychotherapie erzählen, ganz ähnliche Geschichten zu hören bekommen und Ermutigung und Zuspruch finden. Es kann deshalb keine generelle Empfehlung geben, wie offen mit einer Diagnose umgegangen werden sollte.

Schuldgefühle und Selbstvorwürfe

Meistens werden die engsten Angehörigen zu den Menschen gehören, die als erste von der Diagnose erfahren. Schließlich kann eine Diagnose auch die Beziehungen zu Angehörigen und Freunden entlasten, weil dann klar ist, dass es sich um eine Krankheit handelt, die ein gewisses Maß an Verständnis und Rücksichtnahme rechtfertigt. Gerade depressive Menschen hören z. B. oft ein »Jetzt reiß dich doch mal zusammen«. Kaum jemand versteht, dass eine Depression mit persönlicher Anstrengung ab einem bestimmten Punkt nicht mehr zu bewältigen ist. Die Diagnose kann hilfreich sein, zu hohe Erwartungen, Überforderung und Druck von sich fern zu halten. Eine Therapie oder andere Heilmittel können in Anspruch genommen werden, um das Problem zu bewältigen.

Eine Diagnose kann aber auch die Schuldfrage aufwerfen und Selbstvorwürfe hervorrufen:

BEISPIEL »Seit meine Tochter so schwere Depressionen hat, fühle ich mich wie gelähmt. Dauernd frage ich mich: Hab ich was falsch gemacht? Liegt es an mir? Hab ich sie zu sehr bevormundet? Seit sie die Medikamente einnimmt und Therapie macht, bin ich etwas beruhigt, weil man ja anscheinend doch was dagegen tun kann.«

Gerade bei psychischen Störungen wird nicht nur nach Ursachen gesucht, diese werden nur zu oft auch nach moralischen Kategorien bewertet. Die Angehörigen befürchten in der Erziehung, im Lebensstil oder im sozialen Umgang etwas »falsch gemacht« zu haben, manchmal werfen die Betroffenen ihnen das auch vor. Gegenseitige Anschuldigungen und daraus abgeleitete Erwartungen von Wiedergutmachung oder Anpassung sind die Folge.

Anstelle der Schuldfrage ist es nützlicher, die Frage nach der Übernahme von Verantwortung für positive Veränderungen zu stellen. Häufig sind die Beziehungen zwischen den Betroffenen und den Angehörigen sehr verstrickt, was durch die Erkrankung sichtbar und nicht selten sogar noch verstärkt wird. In Form von Sorgenmachen wird z. B. das hohe Kontrollbedürfnis über den Patienten ausgelebt. Die Betroffenen haben ein erhöhtes Schutzbedürfnis und geben oft bereitwillig Verantwortung ab. In diesem Spannungsfeld brauchen alle Unterstützung von Professionellen, um bestimmte Muster zu verlassen, die ihnen Probleme bereiten.

Die Angehörigen haben oft das Gefühl, selber beeinträchtigt zu sein und unter der Störung der Normalität zu leiden. Manche Angehörige reagieren darauf mit Angst und machen den Betroffenen Druck, möglichst schnell wieder zu »funktionieren«. Die Einnahme von Medikamenten wird dabei immer wieder zum Konfliktpunkt: Die Angehörigen drängen auf die Einnahme von Medikamenten, weil sie unter den Symptomen der Betroffenen leiden, diese leiden dagegen mehr unter den Nebenwirkungen der Medikamente. Sie erleben Angehörige und medizinische Fachleute nicht selten als Verbündete bei der Durchsetzung der Medikamenteneinnahme. Die Betroffenen geraten unter Druck, was den Gesundungsverlauf eher negativ beeinflusst. Eine entmündigende Absprachepraxis an den Erkrankten vorbei ist in keiner Lebenslage gerechtfertigt, auch wenn die regelmäßige Einnahme von Medikamenten für die Stabilität der Betroffenen sehr wichtig sein kann. Sie brauchen in erster Linie Unterstützung, Aufklärung, genau dosierte und passende Medikamente und weniger kontrollierenden Druck.

Gerade weil es viele Konfliktfelder gibt und alle Beteiligten ein einschneidendes Lebensereignis zu bewältigen haben, ist die Zusammenarbeit zwischen Klienten, Angehörigen und Fachleuten sehr wichtig. Dabei sollten aber die Betroffenen im Zentrum stehen. Nur bei einem geringen Teil ist die Beeinträchtigung so stark, dass ein selbstbestimmtes und selbstverantwortliches Handeln über einen gewissen Zeitraum nicht mehr möglich ist.

Therapie als Lernprozess

Die Therapie ist als ein gemeinsamer Erfahrungs- und Lernprozess der Klientin und der Therapeutin zu verstehen. Die Therapeutin weiß nicht mehr, als die Klientin ihr mitteilt. Vor dem Hintergrund ihrer Ausbildung entwickelt sie Ideen, was von ihrem therapeutischen Repertoire für die Klientin hilfreich sein könnte. Die Klientin muss erst den Stil und die Arbeitsweise verstehen lernen und nachvollziehen können. Sie wird konkrete Therapieziele definieren und prüfen, was von dem Angebot der Therapeutin tatsächlich nützlich ist. Therapeutin und Klientin schaffen in der Therapiesitzung ihre gemeinsame Realität. Sie konstruieren ein therapeutisches Handlungsfeld mit verteilten Rollen.

Dabei wird die Aufgabenverteilung erst langsam deutlich. Je mehr die Klientin eine Vorstellung davon bekommt, wie z. B. durch Verhaltenstherapie Veränderung herbeigeführt werden kann, umso besser kann sie diese Instrumentarien nutzen und umso mehr Selbstverantwortung kann sie übernehmen. Das Wissen darüber, dass z. B. eine Zwangshandlung ein Versuch sein kann, Angst zu bewältigen, führt dazu, dass die Klientin sich mit ihren Ängsten befasst und ihnen nachgeht. Dieses Wissen muss erst ausgetauscht und vermittelt werden und das nimmt Zeit in Anspruch, genauso die Selbstbeobachtung. Erst allmählich lernt die Klientin, dass sie Angstsituationen nicht vermeiden darf, sondern durchstehen muss, und zwar ohne die Zwangshandlung. Die Therapeutin bereitet die Klientin gedanklich darauf vor, gibt ihr Hilfestellung und übt vielleicht mit ihr das neue Verhaltensmuster.

Keine Therapie wird nur um das Problem kreisen, das die Klientin in Therapie gebracht hat. Es werden auch immer wieder andere Themen wichtig. Wenn z. B. wegen der Zwangshandlungen ein Konflikt in der Paarbeziehung oder am Arbeitsplatz entstanden ist, dann wird darüber gesprochen werden. Es kann sich auch über ganz lange Phasen in der Therapie darum drehen, wo die Zwangsstörung ihre Wurzeln hat. Da geht es dann um die Beziehungsmuster in der Ursprungsfamilie. Vielleicht tauchen auch noch ganz andere Probleme auf, die scheinbar nichts mit den Zwängen zu tun haben.

Therapie ist kein vorprogrammierbarer Prozess, der ohne Nebengleise auskommt. Manchmal führt der Weg zum Ziel gerade über so eine Nebenstrecke. Wichtig ist, dass die Klientin erkennt, nach welchem Muster und mit welchen Methoden gearbeitet wird. Sie braucht diese Erkenntnis und diese Sicherheit, weil sie Bausteine ihrer eigenen selbstbestimmten und eigenständigen neuen Handlungsstrategien werden müssen.

Zweifel und Unsicherheiten

Kein Therapieprozess ist wie der andere, aber erfahrungsgemäß erleben Klienten ähnliche Hürden, Zweifel und Unsicherheiten. Das heißt nicht, dass diese zwangsläufig auftreten, doch falls es so ist, kann es hilfreich sein zu wissen, dass es anderen auch so geht.

Besonders zu Beginn einer Therapie sind die Erwartungen sehr hoch. Viele verstehen endlich, wie z. B. ihr Zwangsverhalten zu erklären und warum es entstanden ist. Sie entwickeln auch eine Vorstellung davon, wie es überflüssig werden kann. Jetzt, wo sie es wissen, erwarten sie, dass es gleich anders wird. Diese Erwartung erfüllt sich nur in seltenen Fällen.

BEISPIEL »Am Anfang der Therapie hatte ich das Gefühl, es ist so viel, was ich verändern will und muss. Es konnte mir nicht schnell genug gehen. Immer wieder war ich enttäuscht von mir, weil ich das gleiche Verhaltensmuster immer und immer wieder durchgezogen habe, obwohl ich es doch eigentlich besser wusste und alles auf dem Tisch lag. Dann hat mich die Therapeutin gefragt, wieso ich glaube, dass etwas, was sich so langsam eingeschlichen hat, so schnell wieder verschwinden kann. Ich hab dann begriffen, dass ich mir mehr Zeit geben muss, aber es ist mir nicht leicht gefallen. Heute bin ich froh, dass ich durchgehalten habe.«

Ein »schädliches« Erlebens- und Verhaltensmuster hat eine lange Entstehungsgeschichte. Es ist nicht von heute auf morgen gekommen und es wird auch nicht so weggehen. Das Verhalten läuft in vielen Bereichen ganz automatisch ab. Wir tun Dinge, ohne darüber nachzudenken. Wenn wir einen Automatismus erworben haben, wie z. B. zwanghaftes Kontrollieren, dann dauert es eine Zeit, bis der Automatismus unterbrochen ist und ein sinnvolles Verhalten an seine Stelle tritt.

Geduld ist also eine wichtige Tugend in der Psychotherapie. Meist haben die Therapeuten mehr davon als die Klienten. Sich in der Therapie unter Veränderungs- und Erfolgsdruck zu setzen, ist oft eine Weiterführung des bestehenden Problems. Es hat keinen Sinn, im Rahmen der Therapie den gleichen Fehler zu machen wie im Alltag. Wichtig ist, dass die Zuversicht, das Problem lösen zu können, nicht verloren geht. Hierbei können die Therapeuten helfen, indem sie Erklärungsmodelle und Erfahrungen anbieten und immer wieder den Stand des Veränderungsprozesses gemeinsam mit den Klienten bilanzieren.

Dabei ist zu bedenken, dass es in jeder Therapie Phasen gibt, in denen vor einem Veränderungsschritt mehrere »Runden gedreht« werden müssen. Es kann sein, dass es zeitweise sogar schlechter wird, weil sehr stark problemorientiert oder vergangenheitsbezogen gearbeitet werden muss oder die Beibehaltung des Problemmusters für etwas anderes wichtig ist. Es kann viele Gründe geben, warum jemand ein Problem noch nicht loslassen kann. Wichtig ist zu überprüfen, ob trotzdem noch eine gewisse Sicherheit und das Gefühl, mit dem »Stillstand« akzeptiert zu sein, besteht. Immer wieder Hoffnung auf Veränderung zu fördern und die Motivation zu stärken, mit den unterschiedlichen Strategien, ist eine der wichtigen Aufgaben im therapeutischen Prozess.

BEISPIEL »Ich hatte das Gefühl, ich drehe mich nur noch im Kreis. Wenn es mal ein paar Tage besser war, dann hat gleich schon die Angst angefangen, dass es wieder schlechter wird und prompt ist es dann auch passiert. Ich hatte immer wieder solche Zweifel, ob das alles was nützt und ob sich je was ändern wird. Letztendlich hat sich doch etwas geändert, zwar anders, als ich mir das vorgestellt hab, aber ich lebe jetzt recht zufrieden.« — Wenn die Vorgehensweise der Therapeutin überhaupt nicht passt, gar der Eindruck besteht, sich auch noch gegen sinnlos erscheinende Maßnahmen wehren zu müssen, dann könnte es sein, dass die Methode oder die Therapeutin nicht die richtige ist, aus welchen Gründen auch immer. Wenn sich die Zweifel häufen und die Beziehungsbasis darunter leidet, wenn das Vertrauen in die therapeutische Methode nicht mehr besteht, dann ist das ein Grund, die Therapie nicht fortzusetzen.

Wenn jedoch die Beziehung stimmt, dann können Zweifel und Verzweiflung sehr wertvoll sein im Therapieprozess. Jede Art von Gefühlen, gerade bezüglich des Fortschritts, der Therapeutin, der Nützlichkeit der Therapie überhaupt, sollten unbedingt in den Sitzungen zum Thema gemacht werden. Sie sind Fixpunkte und erwünschte Ereignisse in der Therapie – immer unter der Voraussetzung, dass die Therapeutin damit souverän umgeht und sie mit der Klientin nutzbringend bearbeiten kann.

Lieber einmal mehr fragen, als darauf zu warten, dass die Therapeutin die Zweifel schon merkt und aufgreift. Was Thema einer Stunde wird, liegt in der Entscheidung der Klientin.

Persönliches

Selbstverständlich ist es erlaubt, als Klientin alle Fragen zu stellen, auch persönliche. Die Therapeutin wird selbstverantwortlich entscheiden, was sie davon beantworten möchte. Fragen nach den persönlichen Lebensumständen, nach Freizeitgestaltung und Erholungsgewohnheiten werden sehr häufig gestellt. »Waren Sie schon mal psychisch so richtig am Ende?« oder »Haben Sie schon mal eine Therapie gemacht?« Solche Fragen tauchen auch immer wieder auf. Es interessiert die Klienten, wie die Fachleute mit sich selber umgehen. Auch das kann sehr nützlich sein für die Therapie.

Genauso häufig wird gefragt: »Mal ganz ehrlich, was denken sie eigentlich von mir? Ich möchte, dass mir mal jemand ganz offen die Meinung sagt, was er von mir hält, wie ich so auf andere wirke, sonst sagt einem das ja niemand.« So oder ähnlich taucht diese Frage in fast jeder Therapie auf. Einerseits ist der Wunsch des Klienten nach einem offenen Feedback verständlich und legitim. Andererseits: Was soll der Therapeut darauf sagen? Eine diagnostische Auskunft geben oder den eigenen subjektiven Eindruck wiedergeben?
Der Therapeut wird immer den Kontext, in dem der Klient die Frage stellt, einbeziehen. Er wird auch sein gesammeltes Wissen und seine Einschätzung hinzunehmen. Es könnte z. B. sein, dass der Klient die Herausforderung mit dem Therapeuten sucht, ihn zu einem »Kämpfchen« einlädt. Der Therapeut muss nun entscheiden, ob und wie er diesen Impuls therapeutisch nutzen kann. Genauso gut kann der Klient diese Frage stellen, um ein noch besserer und »braverer« Klient zu werden, um sich noch genauer an der Fremdeinschätzung zu orientieren. Da wird der Therapeut vermutlich vorsichtig werden und nachforschen, wofür diese Frage von dem Klienten genutzt wird. Diese Frage hat oft einen ganz persönlichen Charakter. Es kann ein Näheangebot und die Einladung zum Wechsel auf die »private« Ebene sein. Dann muss klar sein, dass der Therapeut in seiner Rolle zu bleiben hat und die Professionalität eine klare Grenzsetzung verlangt. Das muss der Klient dann akzeptieren.
Klare Worte schaffen oft Erleichterung. Deutlichkeit macht Strukturen sichtbar und wirkt auch modellhaft. Wenn die therapeutische Beziehung stabil ist, sich die Klientin grundsätzlich von der Therapeutin akzeptiert fühlt, kann es sehr hilfreich sein, zu erleben, dass nichts Schlimmes passiert, wenn die Therapeu-

tin mal »Klartext« redet. Das kann der Klientin helfen, zukünftig in ihrem eigenen Verhalten auch deutlicher und konfrontativer aufzutreten.

Therapeutenwechsel

Mit den Unsicherheiten und Zweifeln taucht immer auch die Frage auf, ob die Wahl auf die richtige Therapiemethode und die richtige Therapeutin gefallen ist, ob das Angebot gut ist und passt. Trotz der vielen subjektiven Faktoren in einer Therapie gibt es doch einige Kriterien für Qualität (vgl. das Kapitel »Merkmale einer hilfreichen Therapie«). Wenn Unsicherheiten und Zweifel auftreten, ist es wichtig, diese mit der Therapeutin offen zu besprechen. Einfach wegbleiben und die Therapie abbrechen ist eine Vermeidungsstrategie und somit eine vertane Chance. Mit wem könnte das Austragen von Konflikten besser geübt werden als mit den professionellen Helfern? Reagiert die Therapeutin gekränkt, beleidigt oder mit Vorwürfen, dann braucht sie dringend eine Supervision. Solche Reaktionen sind nicht professionell und die Klientin sollte sich nicht verantwortlich oder gar schuldig fühlen. Für sie steht die Entscheidung an, ob sie die Therapie beenden und sich jemand anderen suchen möchte.

Bei einer kassenfinanzierten Psychotherapie sollte man wissen, dass ein Therapeutenwechsel gut begründet werden muss, egal ob die Klientin mit der Therapeutin oder der Methode unzufrieden ist oder die Therapeutin den Wohnort wechselt (oder die Klientin). In jedem Fall bedarf es eines neuen Antragsverfahrens mit Begutachtung, auch wenn noch Stunden vom vorherigen Therapieantrag offen sind. Genehmigte Sitzungen sind immer an die jeweiligen Therapeuten gebunden.

Falls die antragstellende Therapeutin bei einem Therapeutenwechsel mit dem vorherigen Therapeuten in Kontakt treten möchte, dann ist eine Schweigepflichtentbindung durch die Klientin erforderlich.

Therapiedauer

Eine Psychotherapie ist eine zeitgebundene Leistung. Mit der Diagnose wird auch eine erste Entscheidung über die voraussichtliche Dauer der Therapie getroffen, d. h. ob eine Kurzzeittherapie oder eine Langzeittherapie sinnvoll ist. Diese Entscheidung kann revidiert werden. Wenn sich herausstellt, dass die 25 Sitzungen einer Kurzzeittherapie nicht ausreichen, erfolgt in der Regel eine Verlängerung der Therapie in mehreren Schritten.

Wie lange eine Therapie dauert, hängt ganz entscheidend von der Therapiemethode ab. Verhaltenstherapie ist in der Regel viel kürzer als eine Psychoanalyse (vgl. das Kapitel »Langzeittherapie oder Kurzzeittherapie?«).

Natürlich entscheidet auch die Art und Schwere der Störung über die Dauer der Therapie. Manchmal sieht es am Anfang einer Therapie nach einer klar eingrenzbaren, noch nicht lange bestehenden Störung aus, z. B. nach einer spezifischen Phobie. Dafür reichen bei einer Verhaltenstherapie in der Regel 25 Sitzungen. Nach einiger Zeit kann sich aber zeigen, dass erheblich mehr und breiter gestreute Ängste dahinter stehen. Wenn die Klientin auch diese bewältigen möchte und damit ihr Ziel neu definiert, dann ist vermutlich eine Verlängerung erforderlich.

Wenn eine Verlängerung notwendig wird, kann die Therapie schrittweise verlängert werden (+15, dann +20 Sitzungen). Bei jedem Schritt ist ein Bericht an den Gutachter erforderlich.

Dieser Bericht ist nach einem bestimmten Schema aufgebaut und umfasst ca. zwei bis drei Seiten. Die Daten der Klientin werden darin vollständig anonymisiert. Der Gutachter bekommt keine Informationen über die Identität der zu begutachtenden Person. In einem verschlossenen Umschlag mit einer Chiffre (Anfangsbuchstabe des Nachnamens und Geburtsdatum) wird der Bericht an die Krankenkasse geschickt. Die Sachbearbeiter bei der Krankenkasse unterliegen der Schweigepflicht (vgl. das Kapitel »Datenschutz und Schweigepflicht« im Serviceteil).

Manche Therapeuten besprechen den Bericht mit ihren Klienten, weil sie Wert auf Transparenz legen. Für sie ist es wichtig, dass die Klienten ein Mitspracherecht erhalten und wissen, was über sie an Dritte wie den Gutachter weitergegeben wird. Der Bericht kann auch der Bilanzierung und Entwicklung neuer Ziele dienen. Dies geschieht jedoch nicht regelhaft, sondern hängt von der Methode und persönlichen Haltung der Therapeuten ab.

Für Langzeittherapien und Verlängerungen von Therapien muss immer ein Bericht an den Gutachter beigelegt werden. Die Gutachter werden von der Kassenärztlichen Vereinigung bestellt und von den Krankenkassen bezahlt. Nach den Psychotherapievereinbarungen haben Gutachter zwei Wochen Zeit für die Begutachtung. In der Regel sollten von der Antragstellung bis zur Bewilligung durch die Krankenkasse nicht mehr als vier Wochen verstreichen. Die Therapeuten erhalten eine schriftliche Begründung der Begutachtung, die Krankenkasse bekommt nur die gutachterliche Empfehlung zur Zustimmung oder Ablehnung mitgeteilt. Dementsprechend erfolgt die Weiterbehandlung des Antrags. Wenn die Krankenkasse bewilligt, dann erhalten sowohl Klienten als auch Therapeuten eine schriftliche Mitteilung.

Bei den meisten Krankenkassen müssen die Therapeuten die Beendigung einer Therapie melden, auch weil nach dem Ende einer Therapie für zwei Jahre keine weitere Psychotherapie gewährt wird. Das ist kein Gesetz, wird aber so gehandhabt. Auch bei einer abgeschlossenen Kurzzeittherapie muss die Wartefrist von zwei Jahren eingehalten werden. Wenn vor Ablauf der zwei Jahre wieder eine Therapie beantragt wird, dann entspricht das dem Verfahren zur Umwandlung einer Kurzzeittherapie in eine Langzeittherapie und ist wiederum nur mit einem Bericht an den Gutachter möglich.

Notfallsitzungen, wenn es nicht anders geht

Grundsätzlich ist eine Therapie so zu planen, dass sie nach der genehmigten Sitzungszahl auch abgeschlossen ist. Gleichzeitig ist es für manche Klienten nützlich, eine Art »Sicherheitsnetz« für alle Fälle zu haben. Für akut auftretende Krisen oder auch zur Stabilisierung gibt es eine Abrechnungsziffer, die nach Beendigung der genehmigten Sitzungen die Abrechnung von maximal drei Sitzungen mit 50 Minuten pro Behandlungsfall (also im Quartal) erlaubt. Da diese deutlich schlechter bezahlt werden als zuvor beantragte und genehmigte Therapiesitzungen, kommen diese Sitzungen wirklich nur im Notfall in Frage.

Gegebenenfalls kann auch die Wiederaufnahme einer Therapie vor dem Zweijahreszeitraum geprüft werden (vgl. das vorhergehende Kapitel zur Therapiedauer). Dafür können einige (maximal fünf probatorische Sitzungen (siehe dort) nötig sein. Diese wiederum werden von den Krankenkassen finanziert. Bei den

Kurzzeittherapien kommt es durchaus vor, dass Klienten nach einem Jahr oder mehreren Jahren noch mal therapeutische Unterstützung suchen, um einen weiteren Veränderungsschritt zu tun.

Wenn die Klienten es sich finanziell leisten können, gibt es die Möglichkeit, mit den Therapeuten Abmachungen zu treffen, Notfallsitzungen nach Therapieende aus eigener Tasche zu bezahlen. Bei analytischen Therapien orientiert sich das Verfahren sehr an dem vorherigen Prozess. Für die eine Klientin ist wirklich Schluss, wenn die Therapie zu Ende geht, langes Hinauszögern oder große Abstände bei den letzten Sitzungen oder Notfallsitzungen gibt es nicht. Bei einem anderen Klienten kann der lockere Kontakt noch Jahre bestehen. Diese Entscheidungen sind immer abhängig von dem Therapieanlass, der vorliegenden Diagnose und der Gestaltung der therapeutischen Beziehung, danach wird auch das Ende der Therapie ausgerichtet.

Beispielhafte Therapieszenarien

Die unterschiedlichen Therapierichtungen beruhen auf verschiedenen theoretischen Modellen, die Konsequenzen haben sowohl für die Art der Anamneseerhebung und Diagnosestellung als auch für die Gestaltung der therapeutischen Beziehung und die Wahl der Methoden (vgl. das Kapitel »Die wichtigsten Therapieschulen«). Um eine ungefähre Vorstellung zu vermitteln, wie eine Störung bei einer fiktiven Person mit unterschiedlichen Therapiemethoden bearbeitet werden kann, möchte ich einige beispielhafte Therapieszenarien vorstellen. Verhaltenstherapie und tiefenpsychologisch fundierte Psychotherapie sind die am häufigsten angewendeten Methoden und sollten aus diesem Grund nicht fehlen. Die systemische Paartherapie habe ich ausgewählt, weil sie in Beratungsstellen sehr häufig vorkommt und der systemische Blickwinkel in vielen Einzeltherapien genutzt wird.

Es handelt sich dabei um konstruierte Szenarien mit fiktiven Personen. Wenn die jeweilige Vorgehensweise deutlich wird, haben die Beispiele ihren Zweck erfüllt.

Herr M.: eine Geschichte und mindestens ein Problem

Herr M. leidet seit fast zwei Jahren an immer drängender werdenden Zwangshandlungen. Er hat ständig Angst, ein Brand könnte ausbrechen. Gasherd, Bügeleisen, Toaster, Kaffeemaschine, Zigarettenaschenbecher, Baustellengeräte usw. müssen öfter als dreimal nach der Nutzung kontrolliert werden. Er hat dabei festgelegte Abläufe und sucht bei seiner Frau Sicherheit. Sie kann ihn durch Bestätigung bei den Kontrollen beruhigen.

Herr M. ist 37 Jahre alt, seit acht Jahren mit Johanna (34 Jahre, Arzthelferin) verheiratet. Sie haben einen Sohn (7 Jahre) und eine Tochter (5 Jahre). Bislang waren die Ehe und das Familienleben glücklich. Herr M. ist Verwaltungsangestellter in einem kommunalen Betrieb. Er ist vorwiegend mit technischen Aufgaben beschäftigt, bei denen es auf Genauigkeit ankommt. Er ist als »Hundertfünfzigprozentiger« bekannt und seine etwas langsame Arbeitsweise wird toleriert. Die Arbeit hat ihm bislang viele Jahre Freude bereitet. Seine Frau hat ihre Erwerbstätigkeit nach der Geburt des Sohnes erheblich eingeschränkt.

Herr M. ist der einzige Sohn seiner Eltern. Sein Vater war Lagerverwalter in einer Baufirma und ist seit einem Jahr Rentner. Die Mutter hat als Telefonistin gearbeitet und führt den Haushalt. Seine Eltern sind beide 65 Jahre alt. Das Klima in der Herkunftsfamilie wird als kühl und geregelt beschrieben. Der Vater sei sehr streng, »aber gerecht« gewesen. Verfehlungen wurden mit abgezählten Rutenhieben bestraft. Die Mutter habe sich dem Erziehungsstil des Vaters angepasst, den Sohn aber nie »eigenhändig« geschlagen. Manchmal habe sie sich heimlich auf seine Seite gestellt. Er könne sich gut daran erinnern, wie die Mutter morgens die nasse Bettwäsche schnell weggeräumt habe, als er mit knapp sechs Jahren wieder anfing, ins Bett zu machen. Damit habe sie ihm so manche Strafe des Vaters erspart. Als Schüler habe Herr M. wenige, aber gute Freunde gehabt. Er sei ein fleißiger Schüler gewesen. Etwas anderes hätte er sich auch »niemals erlauben« dürfen. In seinem Leben sei alles immer »geradeaus gelaufen«.

Vor zwei Jahren wurde, auf besonderen Wunsch der Ehefrau und mit Unterstützung des Vaters, mit dem Bau eines Hauses begonnen. Inzwischen lebt er in dem noch nicht ganz fertigen

Haus mit seiner Familie und seinen Eltern, die das Haus mitfinanziert haben. Der Vater beteiligte sich maßgeblich an den Bauarbeiten. Dort war er, wie schon sein Leben lang, ein strenger Chef. Herr M. musste »spuren«. Schon im Sandkasten habe der Vater bestimmt, wie die Sandburg gebaut wird, sagt er. Mit dem Hausbau sei der Vater so richtig in »seinem Element gewesen«.

Er beschreibt, dass er kurz nach Baubeginn Befürchtungen entwickelt hat, etwas zu vergessen, Fehler zu machen, etwas zu übersehen und damit »eine Katastrophe« auszulösen. Das bezog sich besonders auf alles, was sich entzünden und brennen könnte.

Da er viel Eigenleistung beim Hausbau erbringen musste, verbrachte er fast seine ganze Freizeit und den Urlaub auf der Baustelle. Er fühlte sich zunehmend erschöpft. Durch seine gründliche Arbeitsweise dauerte alles sehr lang und er bekam viel Druck vom Vater und anderen verwandtschaftlichen Bauhelfern.

Mit der Zeit wurde aus seinem »ungutem Gefühl« eine massive Angst, die besonders die Baustelle und den Haushalt betraf. Er kann Arbeiten nur noch schwer abschließen, weil er mehrmals kontrollieren muss. Manchmal sei er nachts noch mal zurück auf die Baustelle gegangen, um zu prüfen, ob er den Baustromkasten tatsächlich abgeschaltet hatte. Auf der Baustelle habe er nur noch gemacht, was ihm gesagt wurde, und die Organisation und Kontrolle der Handwerker dem Vater überlassen.

Jetzt, nach dem Einzug macht er fast nichts mehr. Er vermeidet jegliche Arbeiten am Haus und zieht sich zurück. Seine Frau hilft ihm zwar, macht ihm aber auch Druck, weil Arbeit und Verantwortung auf ihr lasten. Sie reagiert zunehmend ungeduldig wegen der belastenden Kontrollrituale, in die sie immer häufiger miteinbezogen wird, indem er sie z. B. jeden Abend fragt, ob der Gasherd auch ausgeschaltet ist. Sie sei nicht mehr bereit, das mitzumachen. Er habe auch eingesehen, dass seine Angst und sein Verhalten »nicht normal« seien. Als ihm bewusst wurde, dass er mehrmals den Gasherd kontrollieren müsse, auch wenn seine Frau ihm sage, dass er längst abgedreht sei, habe er beschlossen, alles seinem Hausarzt zu erzählen. Dieser hat ihm zu einer Psychotherapie geraten.

Verhaltenstherapeutische Intervention

Herr M. hatte am Ende der letzten Sitzung die Empfehlung bekommen, den Ablauf einer Kontrollsituation zu beschreiben. Dafür wurde vorher ein Beobachtungsschema eingeführt und in der Sitzung ausprobiert. Herr M. sollte die Merkmale der Situation beschreiben, die auftauchenden Gedanken, die Gefühle und seine Reaktion. Er sollte auch beobachten, welche Auswirkungen die Handlung auf seine Gefühle hat.

Ausschnitt aus der 7. Sitzung

Therapeutin — Wie ist es Ihnen denn mit der Beobachtungsaufgabe ergangen? Konnten Sie etwas damit anfangen?
Herr M. — Ja, ich hab das alles hier aufgeschrieben. *Er zeigt einen perfekt gestalteten Computerausdruck.*
Therapeutin — Donnerwetter, da haben Sie sich aber Arbeit gemacht!
Herr M. — Ja, ja, ich habe es schon gemerkt! Da hat mein Perfektionismus wieder zugeschlagen. *Er lächelt und nickt wissend.*

Therapeutin – *denkt: Die Erklärung mit dem Perfektionismus ist angekommen. Er kann das schon bei sich wahrnehmen und benennen. Sie sagt:* Gut, dass es Ihnen auffällt! Das ist ein wichtiger Schritt. Mal sehen, wann Sie mit dem ersten handgeschriebenen Notizzettel hier ankommen. *Beide lachen.*
So, jetzt beschreiben Sie bitte mal, was Sie beobachtet haben.
Herr M. – Die Situation war: Kontrolle Gasherd. Gedacht hab ich immer wieder: Hat sie den Herd wirklich ausgeschaltet? Wenn da was passiert! Gas ist gefährlich, wir sollten einen anderen Herd kaufen. Ich will nur einmal nachschauen.
Von den Gefühlen her war mir ganz unwohl, ich hab mich unter Druck gefühlt, unsicher, getrieben, ängstlich, ärgerlich. Mein Herzschlag war leicht erhöht und ich hab etwas geschwitzt. Dann bin ich halt aufgestanden und hab alle Herdschalter von links nach rechts mehrmals angeschaut und überprüft und mir immer wieder vorgesagt, dass jeder einzelne aus ist. Danach ging es mir besser. Ich war beruhigt und konnte ins Bett gehen.
Therapeutin – Sie haben das sehr genau beobachtet, damit können wir gut etwas anfangen. Sie haben gesagt, nach der Kontrolle war es vom Gefühl her besser als vorher. Da hat sich die Kontrolle ja gelohnt!?
Herr M. – Ja, das ist meistens so, wenn ich kontrolliert habe, dann ist die Angst weg oder wenigstens besser.
Therapeutin – *denkt: Er spricht gut auf Erklärungsmodelle an. Mal sehen, ob wir gemeinsam das Erklärungsmodell für Zwänge entwickeln können.* Sehen Sie, ich zeichne das mal hier auf. *Zeichnet eine waagrechte Zeitlinie und eine senkrechte Skala für die Stärke der Angst. Der Verlauf der Angst wird als Kurve gezeichnet.* Die Angst steigt, Sie fühlen sich immer mehr unter Druck. Was passiert dann?

Herr M. – Ich gehe zum Herd, kontrolliere und die Angst ist weg.

Therapeutin – Sie haben die Erfahrung gemacht und gelernt, dass die Kontrollhandlung die Angst beendet. Also, an diesem Punkt fällt die Angstkurve. *Zeichnet das ein.* Was würde passieren, wenn Sie nicht kontrollieren würden?

Herr M. – Die Kurve würde weiter steigen. Na, vielleicht nicht unendlich, aber schon noch ein Stück.

Therapeutin – *zeichnet eine alternative Kurve.* Und dann? Würde die Angst ewig anhalten? Würden Sie umfallen? Oder was würde passieren?

Herr M. – Na ja, vermutlich würde die Angst irgendwann schon wieder weniger werden.

Therapeutin – *zeichnet den Abfall der alternativen Kurve ein.* Haben Sie das schon mal erlebt, dass die Angst von alleine weniger wurde? *Denkt: Mal sehen, ob es positive Ausnahmen gibt, in denen er das Problem anders löst.*

Herr M. – Ja, schon, wenn ich mich nicht getraut hab zu kontrollieren, weil die Kollegen zugeschaut haben, dann habe ich versucht mich abzulenken. Manchmal klappt das.

Therapeutin – Das ist gut, manchmal haben Sie auch andere Lösungen. Schauen Sie mal, so schaut das aus. *Zeichnet ein Modell auf.* Die Angstgedanken und Gefühle werden ausgelöst, sie geraten unter Stress. Wenn Sie dann kontrollieren, wird die Angst weniger. Sie sind also erfolgreich und haben gelernt, dass Kontrolle die Angst wegmacht. Und deshalb wiederholen Sie das Kontrollverhalten immer wieder, wenn die Angst kommt.

Herr M. – Ja, die Kontrolle verschafft mir Erleichterung, aber nur für kurze Zeit, weil es bei der nächsten Gelegenheit wieder losgeht. Ich könnte ja versuchen, mal nicht zu kontrollieren. Aber was soll ich dann mit der Angst machen?

Therapeutin – Ja genau, das sind die beiden Ansatzpunkte: Herausfinden, was es mit der Angst auf sich hat, und langsam, Schritt für Schritt aufhören zu kontrollieren in der konkreten Situation. Sie haben ja schon die Erfahrung gemacht, dass es auch mal ohne Kontrolle gegangen ist. Sie können daran anknüpfen und ganz nach Ihrem Tempo das Kontrollverhalten abbauen. Ich zeige Ihnen auch mal eine Entspannungsmethode zur Unterstützung. Das macht es vielleicht leichter für Sie.

Herr M. hat vermutlich schon als Kind versucht, den hohen Erwartungen des Vaters zu entsprechen, seinem Zorn zu entgehen und sich Mühe gegeben, möglichst alles richtig zu machen. Er hat Grundüberzeugungen entwickelt, die vielleicht so lauten könnten: »Fehler sind gefährlich« und »Kontrolle ist überlebenswichtig«. Er hat Persönlichkeitsmerkmale wie Sorgfalt, Gründlichkeit, Gewissenhaftigkeit, Ängstlichkeit, Anpassung usw. entwickelt und ist insgesamt etwas langsam. Er musste schon in der Kindheit Strategien erlernen, mit dem rigiden Vater umzugehen. Eine ausreichende Ablösung vom Elternhaus hat nicht stattgefunden. Die Beziehung zum Vater scheint immer noch wie in Kinderzeiten abzulaufen. Herr M. hat in einigen Lebensbereichen keine »erwachsenen« Denk- und Handlungsmuster gelernt.
Der Auslöser für die Zwangshandlungen war die zunehmende Überforderung durch den Hausbau. Darauf hat er mit Angst reagiert. Der Druck des rigiden Vaters hat die Ängste, es nicht zu schaffen, zu versagen, etwas falsch zu machen, Katastrophen auszulösen usw. noch verstärkt. Um die Angst in den Griff zu bekommen, hat er begonnen, seine Handlungen zwanghaft zu kontrollieren. Sein Verhaltensspielraum schränkte sich ein und

er entzog sich damit die positiven Aspekte seines Lebens. Er wurde immer depressiver und hoffnungsloser.

In der Therapie werden nun in einem ersten Schritt die Ressourcen des Klienten aktiviert, um Veränderungshoffnung aufzubauen. Er wird angehalten wahrzunehmen, was in seinem Leben alles gut läuft, worauf er stolz sein kann. Was kann er an positiven Dingen tun? Welche Selbstwertquellen hat er noch? Woraus kann er Hoffnung auf Veränderung schöpfen?

Mit Hilfe von Selbstbeobachtung wird das Problemverhalten genau beschrieben. Welche Gedanken, Gefühle und Reaktionen mit welchen Konsequenzen treten in einer konkreten Problemsituation auf? Nach der Problemanalyse und ersten Hypothesen über die Entstehung des Problems in der Kindheit und die auslösenden Bedingungen in der Gegenwart erfolgt eine genaue Zielklärung. Diese geht in der Regel über die reine Symptombeseitigung hinaus. Nicht nur die Befreiung von Angstgedanken und Zwangshandlungen werden angestrebt, Herr M. definiert für sich z.B. auch eine klar abgegrenzte Beziehung zu seinem Vater als Ziel.

Im nächsten Schritt wird mit Herrn M. ein Modell erarbeitet, wie seine Zwangsstörungen individuell funktionieren und welche Erklärungsmodelle es aus therapeutischer Sicht dazu gibt. Meistens stimmen die Selbstbeobachtungen mit den therapietheoretischen Modellen überein. Herr M. bekommt nun eine Vorstellung davon, was mit ihm los sein könnte, wie das Zwangsverhalten mit den Ängsten zusammenhängt und welche Möglichkeiten der Veränderung es gibt. Je genauer er sich selbst versteht und je besser er das Verfahren akzeptieren kann, umso bereitwilliger wird er sich den sehr belastenden Expositionen im Therapieprozess stellen.

Im Weiteren wird auf verschiedenen Ebenen gearbeitet: Zum einen geht es um die »kognitive Umstrukturierung« im Hinblick auf das Selbstbild von Herrn M. und seine emotional sehr beeinträchtigenden »kognitiven Oberpläne«. Auf dieser Ebene werden auch die Beziehung zu seinem Vater und das Zusammenleben im Haus immer wieder zum Thema. In zwei Sitzungen ist seine Ehefrau dabei, da geht es um Beziehungsmuster und Kommunikation in Konfliktsituationen. Mit Hilfe von Entspannungsübungen entwickelt Herr M. gleichzeitig ein besseres Erholungsverhalten. Zum anderen wird unmittelbar am Zwangsverhalten gearbeitet. Die kognitive Vorbereitung auf die Konfrontation mit einer Angstsituation wird vertieft und eine Hierarchie der Ängste erstellt. Der Klient wird zunächst in Begleitung der Therapeutin und später allein und selbstverantwortlich die Angstsituation ohne Kontrolle bewältigen. Die neuen positiven Erfahrungen haben zur Folge, dass in immer weniger Situationen immer weniger Angst auftritt.

Systemische Intervention

Anwesend sind Herr und Frau M. Die Ehefrau hat den telefonischen Erstkontakt gemacht und auch den Termin für das bereits durchgeführte Informationsgespräch vereinbart. Sie haben danach ausdrücklich gewünscht als Paar zu kommen und nicht mit der ganzen Hausgemeinschaft – damit sollte besonders der Vater von Herrn M. ausgeschlossen werden.
Es folgt nun ein geraffter Ausschnitt aus der ersten Sitzung. Es wird nur ein möglicher Lösungsstrang verfolgt. Das Gespräch wird von einer Therapeutin geführt. Ein männlicher Kollege ist ebenfalls anwesend, er beobachtet vor allem.

Ausschnitt aus der 1. Sitzung

Therapeutin – Worum soll es heute gehen? Wer möchte denn anfangen?

Frau M. – *wartet, schaut ihren Mann an, der blickt betreten zur Seite, sie spricht:* Also, ich will diese Paargespräche, weil mein Mann und ich kaum noch ein vernünftiges Wort miteinander reden. Wir streiten dauernd über irgendetwas, was den Hausbau betrifft. Ständig müssen wir Entscheidungen treffen und vieles bleibt an mir hängen. Und dann noch die Schwierigkeiten mit meinem Schwiegervater! Bei meinem Mann ist das mit den Kontrollen auch immer schlimmer geworden. In letzter Zeit holt er mich immer öfter, damit ich ihm bestätige, dass alles in Ordnung ist mit dem Gasherd, dem Bügeleisen, halt alles, was brennen kann. Ich mache das auch, damit er zufrieden ist. Die ganze Familie hat er schon eingespannt für seine Kontrollen. Ich helfe ihm ja, wo ich kann, weil ich weiß, wie sehr er unter der Unsicherheit leidet. Aber wir verbringen damit unglaublich viel Zeit, die wir für andere Dinge besser brauchen könnten. Die Kinder kommen zu kurz, wir haben gar kein Familienleben mehr. Wo soll das alles bloß noch hinführen?!

Therapeutin – Herr M., dieses Gespräch wurde von Ihrer Frau angeregt und jetzt sind Sie gemeinsam hier. Was ist Ihr Anliegen für diese Sitzung?

Herr M. – Ich habe auch schon seit einiger Zeit festgestellt, dass die Dinge nicht so laufen, wie es wünschenswert wäre. Der Hausbau und die Konflikte mit meinem Vater sind sehr belastend. Er hat so eine Art sich in alles einzumischen. Er macht ja auch viel und versteht mehr vom Bau als ich. Da sieht meine Frau wieder viele Dinge anders und es gibt Streit zwischen uns. Wir sind wirklich sehr belastet, aber ich weiß auch nicht, wie wir das ändern sollen. Das Haus ist jetzt da und muss fertig werden.

Therapeutin – Ihre Frau hat noch einen zweiten Punkt angesprochen ...

Herr M. – Ja, das mit den Kontrollen. Ich bin ein sehr gründlicher und gewissenhafter Mensch. Ich möchte mal so sagen: Fehler sind mir zuwider! Ich möchte einfach sicherstellen, dass alles seine Ordnung hat. Es ist auch so, dass ich gefährliche Dinge öfter kontrolliere, weil ich mir einfach unsicher bin, das quält mich dann stundenlang. Am besten ist es, wenn meine Frau da mal mit hinschaut. Ich bin auch froh, dass sie so viel Geduld mit mir hat.

Jetzt folgt eine Phase, in der beide gemeinsam über die Belastung durch den Hausbau klagen. Sie beschweren sich allerdings über unterschiedliche Dinge. Besonders Herrn M.s Angst vor einem Konflikt mit dem Vater scheint ein Problem zu sein. Es kommt in der Sitzung zu einem Streit. Nachdem relativ schnell deutlich sichtbar geworden ist, wie die Streitmuster ablaufen, wird das Paar von der Therapeutin unterbrochen.

Frau M. – Ja, so streiten wir auch zu Hause immer wieder. Es muss doch alles geregelt werden, was so ansteht. Mit meinem Mann ist da nicht zu rechnen. Und in so schlimmen Phasen werden dann die Kontrollen bei meinem Mann wieder ärger. Ich versuche dann wieder Ruhe reinzubringen und sehe, wo ich ihn entlasten kann. Aber leicht ist das für mich auch nicht, das können Sie mir glauben!

Herr M. – Na, Spaß macht mir das auch nicht gerade. Ich kann einfach nicht anders. Bevor ich nicht kontrolliert habe, komme ich nicht zur Ruhe. Wenn meine Frau da ist, dann geht es ja. Sie beruhigt mich und ich kann mich ablenken.

Therapeutin – *denkt: Mal sehen, ob sich ein gemeinsamer Lösungsansatz finden lässt, für den beide motiviert sind.* Ich möchte Sie beide jetzt zu einem Gedankenexperiment einladen. Stellen Sie sich einmal vor, dass die Therapie bereits beendet ist. Was hat sich dann aus Ihrer Sicht bei der Partnerin bzw. beim Partner verändert, damit Sie das Problem als gelöst oder wenigstens tragbar erleben können? Zum Beispiel: Frau M., was wird dann bei Ihrem Mann anders sein?

Frau M. – *beginnt ohne zu zögern:* Mein Mann wird lockerer und nicht mehr so gereizt sein. Dann kontrolliert er auch nicht so viel und lässt mich mit seinen Kontrollaufträgen in Ruhe. Das hab ich jetzt schon öfter beobachtet. Wir hätten mehr Zeit für uns und würden auch mal über etwas anderes reden als über den Bau oder über seine Kontrollen. Er würde was mit mir oder mit den Kindern unternehmen. Vielleicht hätte er dann mehr Nerven für andere Dinge. Der Hausbau bestimmt unser Leben schon sehr!

Therapeutin – Sie verbringen viel gemeinsame Zeit mit dem gemeinsamen Kontrollieren! *Beide nicken und lächeln etwas betreten.* Noch eine Frage, was meinen Sie damit, »der Hausbau bestimmt unser Leben«?

Frau M. – Ständig stehen wir unter Druck, weil etwas dringend organisiert oder gemacht werden muss. Andauernd die Angst, dass etwas nicht klappt. Mein Mann hat es da auch nicht leicht mit seinem Vater, der ihm ständig in den Ohren liegt.

Therapeutin – Der Hausbau und das ganze Drumherum verlangen Ihnen beiden sehr viel ab! In der Einschätzung sind Sie sich ja auch einig.

Herr M. – Also, mir wäre es am liebsten, wenn das Haus über Nacht ganz und gar fertig wäre. *Beide nicken, er wirkt amüsiert, resigniert, lächelt; seine Ehefrau reagiert ähnlich.*

Therapeutin – Herr M., was wird aus Ihrer Sicht bei Ihrer Frau nach der Therapie anders sein, auch wenn das Haus nicht fertig ist?

Herr M. – Auf jeden Fall wünsche ich mir, dass sie weniger angespannt und gereizt sein wird. Sie würde nicht noch mehr Druck machen, wenn viel zu tun ist. Sie würde mit mir mal über was anderes reden als nur über den Hausbau. Sie wäre interessiert an unserer Beziehung und am Eheleben.

Therapeutin – *denkt: Weniger Anspannung kommt bei beiden als Ziel vor und wirkt sich positiv auf das übermäßige Kontrollverhalten aus.* Frau M., Sie haben beobachtet, dass Ihr Mann weniger kontrolliert, wenn er lockerer und nicht so angespannt ist. *Sie nickt zustimmend.* Sie haben gesagt, dann könnten Sie auch mal über was anderes reden. Worüber werden Sie dann mit ihm reden?

Frau M. – Ja, also ich weiß nicht, dann fragt er nicht mehr so viel, ich muss nicht mitkontrollieren und er ist einfach zugänglicher. Wir reden dann über dies und das. Dann geht es mir auch besser und ich bin nicht so gereizt und genervt.

Therapeutin – Herr M., sehen Sie das auch so?

Herr M. – *nickt, stimmt zu.* Ja, vielleicht würden wir dann auch mal über was anderes reden als über den Hausbau. Also, über die Kinder reden wir auch jetzt öfter mal. Ich weiß auch nicht, wir würden was gemeinsam planen oder einfach nur mal so schwätzen! Wir würden andere Themen finden oder auch mal was Positives über unser Haus reden!

Frau M. – Wir würden vielleicht auch mehr zusammen unternehmen, uns mit Bekannten treffen. Ich glaube, wir würden auch mehr über uns reden. Ich meine, was wir so fühlen, wie es uns geht, ich meine nicht nur über unsere Ängste und Sorgen.

Therapeutin – Wie würde sich das auf das Kontrollverhalten auswirken?

Herr M. – Also, wenn ich ruhiger bin und weniger Stress habe, dann kommt auch der Drang zu kontrollieren weniger. Es ist aber nur besser und nicht weg!

Die Sitzung wird noch etwas fortgesetzt und die Therapeutin überprüft, ob die jeweiligen Einschätzungen übereinstimmen, was sie in einigen wichtigen Punkten auch tun. Dann wird die Sitzung kurz unterbrochen und das Therapeutenteam überlegt sich eine Empfehlung für das Paar.
Es entscheidet sich für die Empfehlung, auf zwei Punkte zu fokussieren. In der Sitzung war bemerkenswert, dass es mindestens ebenso um die Belastung und Konflikte wegen des Hausbaus ging als um das Kontrollverhalten des Mannes. Wenn beide über die Einbeziehung der Frau in die Kontrollrituale gesprochen haben, dann klang das teilweise wohlwollend, wie eine Form von Fürsorge von Frau M. für ihren Mann oder wie ein »Beziehungsangebot« des Mannes an seine Frau. Es ist der Eindruck entstanden, dass das gemeinsame Kontrollieren auch den Aspekt verbindender Handlung für das Paar hat. Sie nutzen das Zwangsverhalten des Mannes für ihre Paarbeziehung. Das stellt einen wichtigen Grund dar, die Störung im Paarsystem aufrechtzuerhalten.
Der Hausbau mit all seinen Belastungen ist in den Mittelpunkt gerückt und zum hauptsächlichen Kommunikationsfeld geworden. Eine Bewältigungsstrategie von Frau M. für diese emotionale Belastung scheint zu sein, Handlungsdruck zu machen. Sie setzt damit ihren Mann und sich unter Druck. Dieser wiederum reagiert darauf eher hilflos, gestresst und ängstlich. Die Zwangs-

handlungen stellen einen Versuch dar, die Ängste unter Kontrolle zu bekommen. Je mehr Druck, umso mehr Zwangshandlungen, umso mehr Hilfeappelle an die Frau.
Folgende Empfehlung wird dem Paar gegeben:
»Sie sind sich einig darüber, dass Sie schon seit längerer Zeit durch den Hausbau erheblichen Belastungen ausgesetzt sind.
Sie reden und streiten sehr viel darüber. Ständig stehen Sie unter Druck, andauernd ist da die Angst, dass etwas nicht klappt. Und Sie, Herr M., haben es zusätzlich nicht leicht mit Ihrem Vater, wie Ihre Frau sagt. Am liebsten wäre es Ihnen, wenn das Haus über Nacht ganz und gar fertig wäre. Dadurch fühlen sich beide verstanden und sie öffnen sich für die folgende Botschaft. Die Gemeinsamkeit wird herausgestellt und klargemacht, dass sie beide »im gleichen Boot sitzen«.
Deutlich ist geworden, dass der Hausbau in ihrem Leben zu viel Raum einnimmt und sie beide zu wenig Zeit für sich selber, füreinander als Paar und auch als Familie haben. Das ist der Paarkonsens, der notwendig ist, damit die Empfehlung eine Umsetzungschance hat.
Sie spüren alle möglichen Ängste, Ratlosigkeit und Gereiztheit. So wie es aussieht, scheinen Sie darauf unterschiedlich zu reagieren. Frau M., Sie werden immer aktiver und versuchen zu lösen, was ansteht. Sie hätten da anscheinend gern Hilfe und Entlastung durch Ihren Mann. Bei Ihnen, Herr M., werden die Überforderung und der große Druck in der Angst vor Katastrophen spürbar. Je angespannter Sie sich fühlen, umso weniger schaffen Sie es, etwas für die konkrete Problemlösung zu tun, sondern Sie führen mehr Kontrollrituale durch, um die Angst zu kontrollieren. Das, womit Sie als Paar viel Zeit verbringen, ist Streiten oder gemeinsames Kontrollieren!

Wir möchten Ihnen Folgendes raten:
- Sprechen Sie nur zweimal am Tag zu gemeinsam festgelegten Zeiten über Probleme, die das Haus betreffen. Versuchen Sie diese Gespräche vorher zeitlich zu begrenzen und mit einem positiven Aspekt zu beenden, z. B. was schön am Haus wird, worüber Sie sich freuen usw.
- Herr M.: Immer wenn der Impuls kommt, Ihre Frau um Kontrollunterstützung zu bitten, machen Sie eine kleine Pause und überlegen sich in dieser Minute, was Sie Ihrer Frau anstelle dessen sagen könnten, sie fragen wollten, ihr berichten sollten, ihr zeigen oder mit ihr machen könnten. Mal sehen, was passiert!
- Planen Sie beide als Paar in der kommenden Woche eine einzige Aktivität, z. B. ins Kino gehen oder auch einen kleinen Sonntagsausflug mit den Kindern. Sie sind beide sehr belastet. Machen Sie sich aus den Empfehlungen keinen zusätzlichen Stress. Verstehen Sie die Empfehlungen als Experiment. Seien Sie auch mit Kleinigkeiten zufrieden und berichten Sie uns in der nächsten Sitzung über Ihre Erfahrungen.«

Das Paar hat aufmerksam zugehört und immer mal zustimmend genickt. Es wird nach eigenem Ermessen zu Hause damit umgehen. Über den Verlauf, die gemachten Erfahrungen und das Ergebnis wird in der nächsten Sitzung gesprochen. Mit der Absprache für einen Termin ist die Sitzung beendet.

Tiefenpsychologisch fundierte Intervention

Die probatorischen Sitzungen liegen sechs Wochen zurück. Herr M. hat sich für die tiefenpsychologisch fundierte Psychotherapie entschieden und befindet sich nun in der ersten Sitzung. Der Therapeut hat viel Berufserfahrung und ist ein paar Jahre älter als Herr M.

Ausschnitt aus der 1. Sitzung

Therapeut – *aufmunternd, freundlich, wartend.* Worum soll es heute gehen?
Herr M. – Also, ich hab Ihnen ja schon erzählt, wie das so läuft …
Therapeut – *Pause, prüfender Blick, abwartend.*
Herr M. – *leicht gereizt, gleichzeitig lächelnd, wirkt nervös.* Ich habe Ihnen das mit den Kontrollhandlungen schon erzählt. Es hat sich nicht großartig was verändert. Manchmal ist es schlimmer, dann geht es mal wieder, es kommt ganz darauf an … *Schweigt, schaut den Therapeuten erwartungsvoll an.*
Therapeut – *denkt: Unterschwellig aggressiver Impuls wird gleich weggelächelt. Er tut sich schwer mit der offenen, ungeregelten Situation, sucht Bestätigung, will nichts falsch machen. Sagt:* Erzählen Sie einfach mal weiter, was Ihnen dazu so einfällt.
Herr M. – Meine Frau sagt auch, dass es schlimmer ist, wenn wir viel Stress haben. Es gibt ja immer was zu entscheiden bei so einem Hausbau. Mein Vater ist ja auch Mitbauherr. *Lächelt etwas verlegen.* Er kennt sich in vielem besser aus, weil er bei einer Baustofffirma im Lager gearbeitet hat.
Therapeut – Das ist ja dann eine Hilfe für Sie?!
Herr M. – Ja, na ja, wie man es nimmt … auf jeden Fall … schon. Er kennt sich besser aus … Manches ist aber auch einfach Geschmackssache. Meine Frau und ich haben schon mal andere Vorstellungen. Das geht dann ewig hin und her mit ihm. Man kann es nicht jedem Recht machen …

Therapeut — Hmm ... *Er wagt nicht die Hilfe des Vaters in Zweifel zu ziehen, obwohl er unzufrieden ist. Er kann nicht mit dem kompetenteren Vater mithalten, hat vielleicht Angst, in den Augen des Vaters zu versagen, gedemütigt zu werden.*

Herr M. — Ich streite mich nicht gern. Ungelöste Probleme treiben mich Tage lang um ... Ich muss dann immer darüber nachdenken und fühle mich nicht gut. *Schaut den Therapeuten immer wieder prüfend an, scheint auf Zustimmung zu warten.* Dann wird es auch mit den Kontrollen wieder schlimmer. Ich komme dann kaum aus dem Haus, weil ich befürchte, der Herd könnte an sein oder das Bügeleisen. Wenn mein Vater bei uns in der Wohnung raucht, dann muss ich alles genau kontrollieren, den Aschenbecher und da, wo er gesessen hat und so! Ich hab einfach Angst, dass alles abbrennt.

Therapeut — Hmm ... *Er scheint es nicht zu wagen, seine Aggressionen und Rachewünsche dem Vater gegenüber direkt zu spüren oder gar offen auszudrücken. Dieser Impuls darf auf keinen Fall gelebt werden. Im Kontrollverhalten wird der verborgene Impuls manifestiert, nach dem Motto: Soll dem Vater das Haus doch über dem Kopf abbrennen. Damit das ja nicht passiert, muss sein Überich dafür sorgen, dass dieser Impuls kontrolliert wird, und deshalb kontrolliert Herr M. exzessiv alles, was mit Feuergefahr zu tun hat.*

Herr M. — Es ist ja aber auch gefährlich, nicht wahr?

Therapeut — Rauchen Sie oder Ihre Frau eigentlich?

Herr M. — Nein, selbstverständlich nicht. Der Qualm und Gestank überall in der Wohnung! Und für die Kinder wäre das unmöglich, das kostet Geld und schadet der Gesundheit!

Therapeut — Ihren Vater scheint das nicht weiter zu stören, dass Sie das so sehen.

Herr M. – Nein, er nimmt da keine Rücksicht!
Therapeut – Wie finden Sie es denn, dass er keine Rücksicht nimmt?
Herr M. – Na ja, er ist halt so. Einem alten Hund ist schlecht das Bellen beizubringen oder wie das heißt?!
Therapeut – Sie nehmen viel Rücksicht auf Ihren Vater. Das ist zu bewundern!
Herr M. – Ja schon, aber ehrlich gesagt, manchmal nervt mich das auch!
Therapeut – Hmmm...
Herr M. – Das klingt jetzt vielleicht albern, aber wenn er da mit seiner Zigarre in meinem Wohnzimmer sitzt, dann könnt ich ihm die Zigarre sonst wo hinschieben! *Er schaut den Therapeuten entsetzt an und entspannt sich erst wieder, als dieser ganz gelassen bleibt und ihn auffordert weiterzumachen.*

Was könnte dem Therapeuten wohl noch alles durch den Kopf gehen? Der Therapeut kann davon ausgehen, dass es zu einer Übertragungsbeziehung kommt. Herr M. wird versuchen, ihm, dem Therapeuten, wie dem Vater alles Recht zu machen, dabei seine eigenen Bedürfnisse missachten und vermutlich aggressive Gefühle entwickeln. Diese darf er nicht spüren, er wird also die Affekte isolieren. Er wird die Impulse abwehren. Wie wird sich das in der Beziehung ausdrücken? Der Therapeut wird versuchen, die Übertragung des Klienten zu nutzen.
Sicherlich wird der Therapeut den Ursachen dieses rigiden Musters nachgehen. Von Herrn M. hat er die Information bekommen, dass der Klient im Alter von fast sechs Jahren wieder angefangen hat, ins Bett zu machen und gelegentlich auch tagsüber einzukoten. Der Vater war in der Erziehung mit dem klei-

nen Jungen sehr fordernd und streng. Er hat die Mutter und das Kind nach seinem Willen erzogen. Die Triebimpulse des Kindes wurden durch den Vater als mächtige und strenge Überich-Instanz unterdrückt. Dadurch kam es zu unbewussten Konflikten. Die Sauberkeitserziehung in der analen Phase war gekennzeichnet von großer Strenge und viel Druck.

Tiefenpsychologisch betrachtet, hatte Herr M. im Alter von ca. fünf Jahren die ödipale Phase zu bewältigen. In diesem Entwicklungsabschnitt entsteht ein unbewusstes Begehren der Mutter gegenüber (»Wenn ich groß bin, dann heirate ich meine Mama.«). Wenn der Vater zu übermächtig ist und der Sohn es nicht wagt, mit ihm in den »Konkurrenzkampf« um die Mutter zu gehen, dann wird der ödipale Konflikt vermieden, indem der Sohn auf die vorherige Entwicklungsstufe, also in die anale Phase (Kontrolle der Körperausscheidungen) zurückfällt. Er macht ins Bett, wird wieder zum Kleinkind, braucht damit die Mutter »legitim« usw.

Der Vater hat darauf mit vermehrter Strenge und Ablehnung dem Kind gegenüber reagiert. Was dem Kind blieb, war die Unterwerfung und eine »mörderische Wut«, die er dem Vater gegenüber selbstverständlich nicht ausdrücken durfte. Die Zwangssymptome drücken die Spannung zwischen dem Impuls (Rache, Mordlust) und der Abwehr (Kontrolle) gegen den Impuls, der nicht ausgelebt werden darf, aus. Die Zwangshandlung »schützt« Herrn M. vor seinen drängenden unerlaubten Impulsen. Die immer wiederkehrenden Zwangshandlungen geben eine Art Sicherheit und Schutz vor emotionalen Überschwemmungen.

Am Ende der beschriebenen Sequenz bahnt sich ein kleiner Veränderungsschritt an. Herr M. drückt etwas von seinem Ärger dem Vater gegenüber aus und wird vom Therapeuten darin bestärkt. Er erfährt, dass er Unmut »ungestraft« aussprechen kann, und wird so ermutigt, diese Option auch in der Realität dem Vater gegenüber auszuprobieren. Das Ziel der tiefenpsychologischen Therapie besteht in einem wesentlichen Punkt darin, ein Wiedererleben der Emotionen, die die gestörten Reaktionen ausgelöst haben, zu ermöglichen. Bewusstseinszustände, Gefühle, verdrängte Erlebnisse, die in der Vergangenheit niemals ungefiltert ausgedrückt werden konnten, sollen ausgelebt werden und zu einer neuen, positiven Erlebensqualität führen. Gleichzeitig steht die Auseinandersetzung mit dem Vater im täglichen Leben an. Der Klient wird zur Abgrenzung und Ablösung vom Vater ermutigt und durch entsprechende Fragen und Aufmunterungen unterstützt. Dadurch kann er freiere Erlebens- und Verhaltensmuster entwickeln.

Merkmale einer hilfreichen Therapie

Es gibt keine allgemein gültigen Regeln, wie ein Therapieprozess abzulaufen hat. Es gibt aber Kriterien für eine erfolgreiche Therapie, die im Einzelfall auch überprüfbar sind.

Transparenz und Überprüfbarkeit

Psychotherapeuten unterliegen vom Gesetzgeber festgelegten, überprüfbaren Qualitätskriterien. Nicht nur eine staatlich anerkannte Ausbildung ist Pflicht, Psychotherapeuten müssen auch in einem festgelegten Zeitraum Fortbildungspunkte sammeln, mit denen sie ihre berufliche Weiterbildung nachweisen. Damit soll die Qualität der therapeutischen Arbeit langfristig sichergestellt und verbessert werden. Sowohl Rahmenbedingungen einer Praxis als auch die organisatorischen Abläufe (Wartezeit, Information, Abrechnung usw.) unterliegen festgelegten Kriterien. Unter dem Schlagwort »Evidenzbasierte Psychotherapie« werden international Grundlagen diskutiert und erarbeitet, um zu einer Vereinheitlichung, Messbarkeit und Vergleichbarkeit von therapeutischen Behandlungen zu gelangen. In Zukunft werden auch Messinstrumente zum Einsatz kommen, die den Therapieerfolg im Einzelfall prüfen helfen.

Aber auch ohne internationale Kriterien sind Therapeuten verpflichtet, ihre Tätigkeit durchschaubar und nachvollziehbar zu gestalten. Die Klienten haben Anspruch auf Transparenz, auch um sich selbst immer wieder im Veränderungsprozess verorten zu können.

Es macht keinen Sinn, aus Unkenntnis oder Anpassungsbereitschaft eine Therapie geduldig durchzustehen und sich zu jeder

Sitzung hinzuquälen. Wenn das ein Dauerzustand ist und sich im Alltag nichts verändert, dann stimmt etwas nicht – und das nicht bei den Klienten, sondern besonders bei den Therapeuten. Aus diesem Grund ist es erforderlich, eine Vorstellung davon zu entwickeln, was von einer Therapie ungefähr zu erwarten ist. Es werden hier nur einige wichtige Merkmale dargelegt, die zu einem hilfreichen Therapieprozess beitragen.

Da es sich bei den von den Krankenkassen genehmigten Anträgen in den allermeisten Fällen um Therapien mit einem Umfang zwischen 25 und 80 Sitzungen handelt, wird hier vom zeitlichen Verlauf her besonders auf diese relativ überschaubaren Veränderungsprozesse eingegangen. Die Grundhaltungen sind jedoch für alle Therapierichtungen gleich wichtig.

Menschenbild in der psychotherapeutischen Beziehung

Die Qualität der therapeutischen Beziehung ist der zentrale Wirkfaktor für eine gute Therapie. An therapeutische Beziehungen werden deshalb sehr weitgehende Anforderungen gestellt. In der Therapie ist es der erste Schritt, die Klientin zu »ermächtigen«, eine mündige Rolle einzunehmen. Gerade wenn sich eine Hilfe suchende Person durch eine Krankheit geschwächt fühlt, ist es wichtig, ihr eine gleichrangige und gleichwertige Beziehung anzubieten, ihr Selbstwertgefühl zu stärken und damit auch Zuversicht in die eigenen Bewältigungsmöglichkeiten zu wecken.

BEISPIEL »Ich habe mich von meinem Therapeuten in jeder Hinsicht ernst genommen gefühlt. Das hat mich herausgefordert, mir selber etwas abzuverlangen. Alles, was ich dann erreicht habe, war dann aber auch in erster Linie mein persönlicher Erfolg.«

Verständnis, Mitgefühl und Hilfeangebote können auch auf partnerschaftlicher Basis vermittelt werden. Ihre Wirkung entfalten sie nur im Respekt vor dem Wissen der Betroffenen um sich selbst. Sie kennen sich selber besser als jede Fachkraft. Zusammen mit dem Veränderungswissen der Therapeuten kann ein Arbeitsbündnis entstehen, in dem sie gemeinsam das definierte Ziel zu erreichen versuchen. Auf die Klientin kommt es dabei genauso an wie auf den Therapeuten. Das bedeutet nicht, dass eine Klientin nicht das Bedürfnis haben darf, phasenweise die Verantwortung im therapeutischen Prozess abzugeben, die Verantwortungsübernahme für die Verwirklichung der eigenen Bedürfnisse bleibt aber bei ihr. Menschen zum Beispiel mit Traumata, schwerer Magersucht oder tiefer Depression fällt es sehr schwer, Entscheidungen zu treffen oder gut für sich zu sorgen. Sie brauchen klare Strukturen, einen sicheren Rahmen und deutliche Aussagen über die anstehenden Schritte. Bei einer Essstörung muss z. B. ein Essensplan erstellt werden mit der entsprechenden Kontrolle der Ausführung. Im ambulanten Setting ist das nur begrenzt möglich. Umso wichtiger ist der Aufbau eines Hilfesystems für den Alltag. Das kann die Einbeziehung von Angehörigen bedeuten, aber auch den Einsatz einer professionellen Betreuung in einer geschützten Wohnform. Doch auf welches Niveau das Maß der Eigenverantwortung herunter gefahren wird, entscheidet letztendlich die Klientin. Sie ist auch diejenige, die die Hilfe organisieren und mit den Helfern verhandeln muss.

In der Analyse spielt die therapeutische Beziehung eine wichtige Rolle, weil die Übertragungen bekannter Beziehungsmuster aus der Kindheit in die therapeutische Beziehung als Lösungsweg genutzt wird. Die Klienten dürfen sich anlehnen, schwach sein und sich führen lassen wollen. Hier stellt das Erleben und Bewusstmachen des Beziehungsmusters einen therapeutischen Schritt dar, der vorher geklärt und befürwortet wird, und bedeutet nicht eine Unterordnung in der Beziehung.

Bei Betroffenen, die zum Zeitpunkt der Kontaktaufnahme oder während der Therapie in der ambulanten Praxis selbst- oder fremdgefährdend sind, gelten kurzzeitig andere Regeln. Unter diesen Umständen ist eine ambulante Therapie sowieso selten ein ausreichendes Angebot. In der Regel übernimmt dann die stationäre Psychiatrie für eine begrenzte Phase die Verantwortung. Aber auch dort haben Betroffene das Recht, im Rahmen ihrer Ansprechbarkeit in Entscheidungsprozesse einbezogen zu werden. Außerdem gibt es die Möglichkeit, in guten Zeiten für Krisenzeiten vorzusorgen und mit Behandlungsvereinbarungen oder Patientenverfügungen Einfluss auf die stationäre Behandlung zu nehmen (KNUF und GARTELMANN 2009).

Positive Grundhaltung

Offenheit der Therapeuten und das Gefühl, verstanden und akzeptiert zu werden, wird von vielen Klienten als sehr entlastend erlebt. Die Isolation, das Alleinsein mit dem Problem wird durchbrochen und die eigene subjektive Sicht wird nicht hinterfragt und somit angenommen. Wenn dazu ein wenigstens minimales Gefühl von Vertrauen in die Therapeutin und ihre Kompetenz besteht, wächst auch die Hoffnung auf Veränderung. Diese Gefühle sollten stärker sein als vielleicht bestehende Ängste, Zweifel und Skepsis.

BEISPIEL »Ich hatte ja keine Ahnung, was mit mir passieren würde durch die Therapie, was mich erwartet. In den ersten Sitzungen war ich aufgeregt und hab genau überlegt, was ich sage und was nicht. Als ich gemerkt hab, dass ich alles sagen kann, hat sich das schnell gelegt. Bei mir ist die Hoffnung gewachsen, dass ich mein Leben wieder irgendwie auf die Reihe kriegen werde. Das war für mich am Anfang die wichtigste Veränderung.« ——

Hoffnung auf Veränderung bei den Klienten und die Überzeugung der Therapeuten, auch tatsächlich hilfreich sein zu können, schafft Motivation auf beiden Seiten. Das ist eine wichtige Voraussetzung für einen erfolgreichen Therapieprozess. Auch wenn das persönliche Wohlbefinden bei den Klienten schlecht oder sehr schwankend ist, bedarf es einer wenn auch minimalen Hoffnung darauf, dass es wieder besser werden kann. Die Therapeuten sollten in der Lage sein, diesen Prozess anzustoßen und zu unterstützen. Dies wird je nach Therapierichtung unterschiedlich ablaufen. Vielleicht werden die Klienten daran erinnert, welche positiven Aspekte sie als Person haben und welche positiven Aspekte es in ihrem Leben gibt. Es könnte sein, dass sie kleine Erfolgserlebnisse im Alltag schaffen oder erste Ziele, wo es künftig hingehen könnte, herausgearbeitet werden.

Wenn sich nach den ersten zehn Sitzungen das Vertrauen in die Tragfähigkeit der therapeutischen Beziehung und die Hoffnung auf Veränderung nicht langsam einstellen, dann ist das ein Grund, mit der Therapeutin darüber zu sprechen. Das ist nicht leicht. Bei einem Mangel an Sicherheit einen kritischen Punkt anzusprechen, ist eine echte Herausforderung. Manchen fällt es leichter, ihre Beschwerden schriftlich vorzubereiten und den Zettel mit in die Sitzung zu nehmen. Möglich wäre auch, zuerst einen Brief an die Therapeutin zu schreiben. Manchmal wird der erste Schritt am Telefon getan. Es kann auch nützlich sein, vorher mit einer vertrauten Person darüber zu sprechen. Wie bei jedem anderen Konfliktgespräch ist es wenig hilfreich, mit Vorwürfen anzufangen oder sich besonders »unterwürfig« zu zeigen. Der Eingangssatz wie: »Ich möchte mit Ihnen über ein Problem reden, das ich mit der Therapie habe«, stößt bei einer erfahrenen Therapeutin sicher nicht auf Abwehr.

Es wäre eine vertane Chance, einen Konflikt nicht auszutragen, egal was dabei herauskommt. Auch ein gut gestalteter Abbruch ist ein Lernschritt. Es macht jedenfalls keinen Sinn, einfach nicht mehr hinzugehen und die Therapie wortlos abzubrechen.

---- **Zuwachs an Kompetenz**

Mit der Vorstellung, wie eine Störung entstanden ist und aufrechterhalten wird, wachsen konkrete Veränderungsvorstellungen und das Gefühl, diese Veränderungen auch selber einleiten zu können. Viele Klienten berichten, dass genau diese Wahrnehmung vom Kontrollgefühl einen wichtigen Unterschied für sie in ihrem Selbsterleben gemacht hat.

— **BEISPIEL** »Vor der Therapie hab ich überhaupt nicht mehr verstanden, was eigentlich abläuft. Ich musste essen und brechen. Mehr hab ich nicht mehr bemerkt. Mehr hat mich auch nicht interessiert. Als ich in mich reingeschaut hab, war schnell klar, das läuft alles nach einem bestimmten Schema ab. Von da an hatte ich praktisch was in der Hand, da kann ich was dran drehen, hab ich mir gedacht.« —

Je nach Therapierichtung hat die Ursachenforschung einen unterschiedlichen Fokus. Bei den psychoanalytischen Verfahren geht der Blick zurück in der Kindheit, auf die Suche nach der Herkunft des Problemmusters. Bei verhaltenstherapeutischen

Ansätzen wird eher eine genaue Analyse der gegenwärtigen Muster im Zentrum stehen oder beides erfolgt im Wechsel. Dies wird vermutlich nicht linear, ohne Einbrüche und Krisen, geschehen. Je intensiver und tiefgründiger die Problemanalyse abläuft, umso schmerzlicher kann sie sein.

Mit diesem Schritt sollten die Konkretisierung von Zielen und die Entwicklung von Veränderungsstrategien einhergehen. Egal welches Verfahren angewandt wird, ein Zuwachs an subjektiven Kompetenzgefühlen und damit auch an Selbstwertgefühlen sollte im Laufe des Therapieprozesses auftreten. Diese Gefühle sollten in deutlichen Erlebens- und Verhaltensänderungen sichtbar werden.

Nach rund 15 Sitzungen sollten sich an dem einen oder anderen Teilziel kleine, aber spürbare Veränderungen bemerkbar machen. Wenn das nicht der Fall ist, dann bedarf es einer Bilanzierung und erneuten Zielklärung. Die Klienten können diese von sich aus anstoßen und zum Thema machen.

Ohnehin dürfte eine regelmäßige Bilanzierung im Therapieprozess obligatorisch von den Therapeuten angeregt werden. Einfach so weitermachen, ohne zu prüfen, ob sich auch für die Klienten spürbar etwas verändert, ist unprofessionell. Erst wenn die Klienten Veränderungen auch auf ihr eigenes, selbstverantwortliches Handeln zurückführen können, ist eine dauerhafte Stabilisierung wahrscheinlich. Dafür muss regelmäßig eine Art Bestandsaufnahme gemacht werden. Diese ist auch wichtig im Hinblick auf die Frage, ob die beantragte Stundenzahl ausreicht oder eine Verlängerung der Therapie erforderlich ist. Um diese Entscheidung rechtzeitig treffen zu können, bedarf es immer wieder einer Standortbestimmung, die struktureller Bestandteil der Therapie sein sollte.

Es ist wichtig, die »Einladung« der Therapeuten zu nutzen und zu sagen, was einem passt und was nicht. Es hat keinen Sinn, die Therapie »schön zu reden« und eine vermeintlich »gute Klientin« sein zu wollen. Eine Prüfung, was war bisher nützlich, was stört und was fehlt noch, unterstützt die Eigenverantwortlichkeit der Klienten und fördert Autonomie und Unabhängigkeit. Die Selbstbestimmung und das selbstverantwortliche Handeln müssen im Hinblick auf das Ende einer Therapie von Anfang an angestrebt werden.

Kritische Punkte in der Therapie

»Verrat« an Angehörigen

Während des Therapieprozesses spielen häufig nahe stehende Personen wie die Eltern, Partner oder andere Familienangehörige eine Rolle. Der Klientin kommt es wie ein Verrat vor, dass sie in Abwesenheit der Mutter über sie spricht. Sie fühlt sich unwohl, weil sie niemanden schlecht machen will.

BEISPIEL »Immer wieder habe ich ein schlechtes Gewissen und Schuldgefühle meiner Mutter gegenüber. Die Zeit, als sich meine Eltern getrennt haben, war furchtbar für mich. Ich habe mich total allein gelassen gefühlt. Und meiner Mutter ging es genauso. Sie hat doch noch viel mehr gelitten als ich. Wenn ich in der Therapie darüber rede, habe ich ständig das Gefühl, ungerecht zu sein, ihr in den Rücken zu fallen.«

In der Therapie wird nicht die Frage nach der Schuld gestellt und moralisch verurteilt wird erst recht niemand. Es gibt auch kein Maß für persönliche Stärke, das die Klientin erfüllen muss. Es ist wichtig, die oft belastenden Umstände für die Klientin in der Familie klar zu beschreiben und Verantwortlichkeiten deutlich zu machen. Wenn eine junge Klientin nach der Trennung der Eltern schon mit zwölf Jahren die Verantwortung für die Mutter übernommen hat, dann war sie mit dieser Aufgabe überfordert. Die verletzte und verstörte Mutter hat die Tochter in dieser Zeit allein gelassen und ihre Hilfe abverlangt. Diese Feststellung ist ganz unabhängig davon, wie viel Verständnis auch für die Lage der Mutter aufzubringen ist. Die Tochter ist aber jetzt in der Therapie und für sie war und ist die Vertauschung der Rollen ein Problem. Sie darf nicht nur darüber sprechen, sie muss es, wenn sie dieses Problem bearbeiten will. Ob und wann sie es tut, bestimmt allerdings die Klientin. Will sie einen bestimmten Aspekt nicht besprechen, dann muss das respektiert werden. Dann wird sich die Therapeutin überlegen, welche andere »Einladung« sie zu einem anderen Zeitpunkt aussprechen kann.

---- **Scham**

Immer häufiger suchen Klienten psychotherapeutische Hilfe, die durch Familienangehörige schwere Traumatisierungen erlebt haben wie sexuellen Missbrauch in der Kindheit oder Vergewaltigung in der Beziehung. Wenn die Klientin das nicht einbringen möchte, ist das ihr gutes Recht. Die Therapeutin wird aber im Laufe der Zeit z. B. die Missbrauchsvermutung zum Thema machen. Sie wird also nachfragen und immer wieder das Angebot machen, darüber zu sprechen.
Bei solchen traumatischen Gewalterfahrungen haben die Betroffenen sehr häufig gelernt, sich selber schuldig zu fühlen, den Täter zu schützen, die Geheimhaltung zu wahren und niemandem mehr zu vertrauen. Verständlicherweise ist die Hürde, sich zu offenbaren, sehr groß. Trotzdem ist die Therapie vielleicht die einzige Chance, es zu tun. Vermutlich wird die Störung, die der Therapieanlass ist, auch nicht beseitigt, ohne dieses Thema bearbeitet zu haben.

— BEISPIEL »Eigentlich habe ich mit der Therapie angefangen, weil es mir total schlecht ging und meine Frauenärztin gesagt hat, so gehe das nicht weiter. Ich hatte richtige Ausraster, mit stundenlang Heulen und Rumschreien. Ich hab mich auch schon mal selber verletzt, in den Arm geritzt und so. Ich hab mir schon irgendwie gedacht, das hängt damit zusammen, was mein Vater mit mir gemacht hat, als ich noch jünger war. Ich hätte mir am Anfang aber eher die Zunge abgebissen, als das zu erzählen. Ich hab mich geschämt und ich wollte das meinem Vater irgendwie nicht antun.« ——

Übergroße Schuldgefühle oder Selbstbeschuldigung sind sehr häufig zentrale Auslöser für psychische Störungen. Lieber sich selber für schuldig erklären als die Wut und Enttäuschung wahrzunehmen, wenn der andere die Verantwortung für das eigene Leid trägt. Schuld und Scham gehören eng zusammen und haben oft auch Selbstbestrafung zur Folge als Lösung für den enormen inneren Druck. Die Therapie ist dazu da, ganz besonders diese Gefühle wahrzunehmen, anzusprechen und auszudrücken.

Die Therapeutin muss ausbalancieren zwischen sanftem Drängen durch verschiedenartige Einladungen und Respekt gegenüber den Grenzen der Klientin. Auf keinen Fall dürfen wieder neue Schuldgefühle bei der Klientin geweckt werden. Wenn jemand über etwas nicht sprechen will, dann ist das in Ordnung. Niemand darf überredet oder bedrängt werden. Auch eine strafrechtliche Verfolgung des Täters darf wegen der Schweigepflicht nicht von Seiten der Therapeutin eingeleitet werden.

Den »inneren Schweinehund« überwinden

Gerade in der Verhaltenstherapie gibt es Methoden, die das Überwinden des »inneren Schweinehunds« erforderlich machen. Wenn jemand seit Jahren jeden Morgen Stunden braucht, um aus dem Haus zu kommen, weil er die Kaffeemaschine und den Wasserhahn immer wieder kontrollieren muss, dann stellt es eine große Herausforderung für ihn dar, damit aufzuhören.

Die Reduzierung der Zwangsrituale wird deshalb langsam eingeleitet und vorbereitet mit entsprechenden Übungen und Erklärungen. Das Tempo des Klienten wird berücksichtigt, er bestimmt die Größe der Schritte. Trotzdem muss der Klient irgendwann selbst auf die Kontrollhandlungen verzichten, sonst funktioniert diese verhaltenstherapeutische Methode nicht.

BEISPIEL »Der Therapeut ist mir ziemlich auf die Nerven gegangen mit seiner dauernden Überei! Ich sollte immer das machen, wovor ich am meisten Angst hatte. Ich hab schon verstanden, warum und wofür das gut ist, aber ich konnte mich einfach nicht überwinden. Ich musste mich irgendwann entscheiden, will ich nun was ändern oder nicht. Ohne Einsatz kein Erfolg.«

Man kann sich nicht verändern, ohne etwas anders zu machen. Natürlich ist auch der Therapeut gefordert, um die Motivation zu stabilisieren und den Klienten zu unterstützen, Veränderungen aktiv anzugehen. Wenn der Klient jedoch mit dieser Methode nicht arbeiten möchte, dann wird er sich vermutlich nach einer anderen Therapie umsehen müssen.

Verliebtheit in der Therapie

Es ist nicht verwunderlich, dass Verliebtheitsgefühle in Beziehungen mit exklusiver Aufmerksamkeit entstehen. So viel Zuwendung macht einfach auch Zuneigung. Wenn die erotische Komponente hinzukommt, weil der Therapeut auch als Mann attraktiv gefunden wird, dann ist es nicht verwunderlich, dass sich die Klientin in ihren Therapeuten verliebt – es kommt natürlich auch vor, dass sich eine Klientin in ihre Therapeutin verliebt. In der Regel ist das vorübergehend. Nach einiger Zeit kommt die Realitätsprüfung und dann können die Klienten ihre Gefühle ganz allein wieder sortieren. Manchmal wenden sie sich auch an Freundinnen, die helfen, sie wieder auf den Boden der Tatsachen zurückzuholen, weil Therapeuten als Sexualpartner auf jeden Fall in die Kategorie »unerreichbar« gehören.

Es ist sinnvoll, aufkommende Verliebtheitsgefühle in der Therapie anzusprechen und die Realitätsprüfung selbst einzuleiten und zu beschleunigen. Der Therapeut wird Verständnis dafür haben, aber die Grenzen sehr deutlich machen. Absichtsvoll herbeigeführte Kontakte außerhalb des therapeutischen Settings, wie z. B. zusammen Essen zu gehen, private E-Mails schreiben oder Dienstleistungen verrichten, sprengen den therapeutischen Rahmen und sind nicht zulässig.

Das heißt nicht, dass eine Karte aus dem Urlaub, eine Frage nach dem persönlichen Befinden oder ein kleines Präsent bei Beendigung der Therapie nicht möglich wären, doch das therapeutische Setting braucht Distanz, damit die Klienten frei sein können, sich ganz zu öffnen und »unzensiert« alles sagen, was ihnen in den Kopf kommt. In der therapeutischen Beziehung geht es um die Entwicklungsmöglichkeiten der Klienten, nicht um die Bedürfnisbefriedigung von Therapeuten. Der Kontakt zwischen beiden beruht auf einem Arbeitsauftrag und nicht auf gegenseitiger Sympathie, auch wenn diese die gemeinsame Arbeit erleichtert und oft auch trägt.

Sexuelle Kontakte sind auch deshalb tabu, weil psychische Störungen auch mit Erfahrungen von sexuellem Missbrauch und verletzenden Grenzüberschreitungen verbunden sein können. Klientinnen und Klienten müssen die Gewissheit haben, dass die Therapie ein Ort ist, an dem sie sicher sind und mit Respekt behandelt werden.

Enttäuschungen und Konflikte

In jeder Therapie gibt es Unstimmigkeiten. Auch Therapeuten reagieren gelegentlich unreflektiert und wenig hilfreich, weil sie nicht nur Beziehungsexperten sind, sondern ganz normale Menschen, die Fehler machen.

Therapeutische Beziehungen können phasenweise auch angespannt sein, weil unterschiedliche Arten von Übertragungen oder frustrierte Erwartungen eine Rolle spielen. Wie in vielen menschlichen Beziehungen kommt es nach der Annäherungsphase, in der es um den Aufbau von Vertrauen und Zuversicht geht, zu einer Art kritischer Distanzierung. Wenn die Therapeuten nicht mehr ausschließlich verstehen und ermutigen, sondern das selbstverantwortliche Änderungsverhalten eine kritische Analyse verlangt, dann kann es zu Enttäuschungen und Konflikten kommen. Das geht vorbei, wird nicht zum Dauerzustand, wenn es von den Therapeuten aufgegriffen und konstruktiv mit den Klienten genutzt wird.

BEISPIEL »Fangen Sie bitte mit diesem Thema jetzt nicht mehr an, wir sind am Ende der Sitzung.« Es hat mich wahnsinnig geärgert, wenn meine Therapeutin diesen Satz gesagt hat. Ich war wirklich nah daran, nicht mehr hinzugehen. Die nächste Sitzung war dann immer ganz wichtig für mich. Schließlich habe ich bemerkt, dass ich mir selber den Raum und die Zeit nehme, wenn ich nicht am Anfang, sondern erst am Ende der Sitzung über das rede, was mir wirklich wichtig ist. So mache ich es im Alltag auch, komme zu nichts und ärgere mich dann.«

Wenn die Klientin die Therapie abgebrochen hätte, wäre eine echte Chance, etwas Wichtiges über sich selber zu erfahren, vertan gewesen. Sie wäre in ihrem Problemmuster verhaftet geblieben. Die Therapeutin muss ihrer Klientin in diesen Situationen ein professionelles Angebot machen und mit diesen Krisen konstruktiv umgehen, sie muss den Ärger, die Schuldzuweisungen und die Enttäuschung der Klientin aufgreifen. Meist klärt sich dann der Konflikt und bringt die Klientin und auch die Therapeutin einen Schritt weiter.

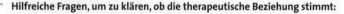

Hilfreiche Fragen, um zu klären, ob die therapeutische Beziehung stimmt:
- Herrscht eine vertrauensvolle Atmosphäre?
- Kann alles ohne Angst gesagt und angesprochen werden?
- Wird Verständnis geäußert und Verhalten richtig interpretiert?
- Gibt es eine gemeinsame Sprache?
- Sind Respekt und Interesse zu spüren?
- Werden Anliegen aufgenommen?
- Stehen die Klientenbedürfnisse im Mittelpunkt?
- Ist Kritik möglich, ohne Ärger oder beleidigt sein auszulösen?
- Werden Grenzsetzungen respektiert?
- Nimmt die Hoffnung auf Veränderung zu oder ab?

Wenn sich Zweifel und negative Erfahrungen über einen längeren Zeitraum hinziehen und Gespräche mit dem Therapeuten oder der Therapeutin über diese Probleme nicht stattfinden oder nicht zu befriedigenden Ergebnissen führen, dann steht die Beendigung der Therapie an.

Es ist wichtig, sich immer wieder bewusst zu machen, dass Therapie eine Dienstleistung auf hohem zwischenmenschlichen Niveau ist. Die Klienten haben das Recht auf eine qualitativ hochwertige Therapie. Das dürfen sie auch einfordern. Gute Therapeuten reagieren auf Kritik nicht beleidigt, sondern konstruktiv und können das zum Nutzen der Klienten hilfreich in den Therapieprozess einbauen.

Eine Bearbeitung von Konflikten ist aber nur möglich, wenn die Klienten auch wieder in die Sitzung kommen. Gerade dann, wenn am Ende des Gesprächs klar ist, dass keine Arbeitsgrundlage mehr besteht, weil die Kränkungen zu groß sind oder Erwartungen enttäuscht wurden, ist eine Klärung notwendig. Sich zu trennen und das nicht in gegenseitiger »Vernichtung« zu tun, ist ein sehr wünschenswertes Ziel.

Was in einer Psychotherapie nicht passieren darf

Respektlosigkeit gegenüber den Klienten

Respektlosigkeit Klienten gegenüber hat viele Gesichter. Eines davon ist ein schlecht organisierter Praxisablauf, bei dem unzumutbar lange Wartezeiten im Wartezimmer entstehen.

BEISPIEL »Ich muss bei dem Psychiater fast sechs Stunden im Wartezimmer sitzen. Wenn ich drankomme, bin ich völlig erledigt, weil die Warterei so anstrengend ist und ich dauernd Angst habe, ich erwische meinen letzten Bus nicht mehr. Wenn ich dann ins Sprechzimmer komme, dann sagt er glatt zu mir: ›Sie sehen aber heute nicht gut aus, Frau A.‹«

Es ist immer wieder zu beobachten, dass der Patientenstamm in psychiatrischen Praxen zu groß ist. Dadurch entsteht eine Überlastung, die unter anderem durch stundenlanges Herumsitzen der Klienten in den Wartezimmern sichtbar wird. Besonders hart ist es für sogenannte Kassenpatienten, ertragen zu müssen, dass Privatpatienten bevorzugt behandelt werden, ein spezielles Wartezimmer bekommen und nicht so lange warten müssen. Wenn die Klienten sich beschweren, wird ihnen geraten, doch woanders hinzugehen, was angesichts der Versorgungssituation keineswegs immer möglich ist.

Neben der schlechten Organisation in den Praxen gibt es auch politische Gründe für lange Wartezeiten, nicht nur im Wartezimmer, sondern auch auf einen Therapieplatz. Um sich niederlassen zu können, ist eine sozialrechtliche Zulassung durch die Kassenärztliche Vereinigung erforderlich. Die Kassenärztliche Vereinigung ist dafür zuständig, die Finanzmittel von den Krankenkassen an die niedergelassenen Ärzte, Psychotherapeutin-

nen und Krankenhäuser zu verteilen. Wenn nicht genügend Geld da ist, werden keine neuen Ärzte und Therapeuten zugelassen. Dadurch entsteht eine Unterversorgung und lange Wartezeiten auf einen Therapieplatz sind die Folge. Manche Therapeuten versuchen das auszugleichen, indem sie mehr Klienten annehmen, als sie eigentlich annehmen wollen und können.
Überarbeitete Psychiater und Therapeuten sind nicht gerade Garanten für eine gute therapeutische Arbeit. Zwar sind sie teilweise selbst für die Überarbeitung verantwortlich, weil sie dem Druck der Nachfrage nicht standhalten und sich überlasten, nicht nur aus Nächstenliebe, sondern sicher auch aus finanziellen Gründen, zum anderen zeigt aber das Gesundheitssystem deutliche Fehlentwicklungen, die sich zu Ungunsten der Klienten auswirken.

Retter-Opfer-Falle

Wenn Menschen verzweifelt sind und bei professionellen Helfern Unterstützung suchen, dann fühlen sie sich in der Regel geschwächt und hilfebedürftig. Betroffene, die schon vieles versucht haben, um ihr Problem zu lösen, die schon lange leiden und keine Kraft mehr haben, wünschen sich ein Gegenüber, das Stärke und Kompetenz zeigt und Optimismus verbreitet. Der Anspruch, dass die Therapeuten Verständnis zeigen, Mut machen und Hoffnung wecken, ist verständlich.
Diese Ausgangssituation beinhaltet oft die unausgesprochene Aufforderung »Hilf mir, rette mich! Sag mir was ich tun soll«. Die Therapeuten wiederum nehmen diese »Einladung« vielleicht an, fühlen sich gebraucht und herausgefordert. Daraus kann sich leicht eine hierarchische Beziehung entwickeln. Die

Fachleute nehmen als Wissende eine übergeordnete Position ein, die Hilfesuchenden bleiben »klein«.

Therapeuten haben die Pflicht, sich mit diesem Beziehungsmuster auseinanderzusetzen. Für Klienten ist es nützlich, im Therapieprozess immer wieder zu prüfen, welche Erwartungen und Wünsche bestehen, welche Rollen sie selbst und ihre Therapeuten einnehmen, ob sie sich ermutigt und akzeptiert fühlen. Niemand muss mit einer sich selber klein machenden Haltung Hilfe suchen, nur weil das Problem so groß ist.

Mangel an hilfreichen Interventionen

Greift der Therapeut eine »Beschwerde« der Klientin nicht auf, um damit weiterzuarbeiten, sondern lässt er die Klientin »auflaufen«, dann stimmt etwas nicht. Wenn das Problem häufiger auftaucht und der Therapeut immer wieder eine Begründung findet, warum er genau das richtig gemacht hat, was bei der Klientin Unverständnis und sogar Unwohlsein auslöst, dann ist erst recht etwas nicht in Ordnung. Unabhängig von dem Therapieverfahren muss in einem überschaubaren Zeitraum irgendeine Art von therapeutischer Strategie und Intervention sichtbar werden, die zu einem möglichst erkennbaren Ziel führt und von der Klientin früher oder später als hilfreich erfahren wird. Wenn das nicht so ist, sollte man nicht so reagieren, wie diese Klientin:

BEISPIEL »Eigentlich hat er gar nichts gemacht. Er hat mich selten mal was gefragt und fast immer mit einer Gegenfrage reagiert. Einmal hab ich mich beschwert. Da hat er nur gesagt: ›Sie fühlen sich allein gelassen.‹ Ich hab nicht so recht verstanden, was das soll. Trotzdem hab ich durchgehalten, bis die genehmigten Stunden verbraucht waren.«

Zwischen therapeutischer Zurückhaltung, um der Klientin Raum zur Reflexion zu geben, und gelangweilter Passivität als Grundhaltung besteht ein großer Unterschied. Auch bei einem noch so zurückhaltenden Analytiker spürt die Klientin in der Regel die Präsenz und Teilnahme. Wenn sie sich allein fühlt, dann ist das eine wertvolle Wahrnehmung, die therapeutisch genutzt werden sollte.

Zu viele Interventionen

Zwischen direktiven Anweisungen und hilfreichen Vorschlägen zur eigenen Lösungssuche besteht ein großer Unterschied. Wenn Lösungen vorgegeben werden, kann es natürlich sein, dass die Therapeutin einen Treffer landet und genau das, was sie vorgeschlagen hat, für den Klienten tatsächlich eine gute Lösung ist. Für Menschen, die jemanden suchen, der ihnen sagt, wo es lang geht, kann eine direktive Therapeutin sehr verlockend sein. Sie bekommen Hilfe, lernen dabei aber nicht, selbstverantwortlich zu handeln, sie werden zunehmend von der Therapeutin abhängig. Wenn der Klient unzufrieden damit ist oder wird, sich dagegen zur Wehr setzt und die Therapeutin beleidigt reagiert, dann ist das keine hilfreiche therapeutische Arbeit.

BEISPIEL »Dauernd hat sie alles besser gewusst. Wenn ich nicht zugestimmt hab, dann hat sie richtig genervt gewirkt. Sie hat mir Löcher in den Bauch gefragt. Ich wusste oft nicht genau, worauf sie hinauswollte, und hab mich als Versager gefühlt. Oft hat sie mir gleich gesagt, warum und wieso ich jetzt was zu tun hätte, egal ob das für mich gepasst hat oder nicht.«
Diese Therapeutin legt eine direktive Vorgehensweise als Dauerstrategie an den Tag. Der Klient hat kaum Raum und fühlt

sich nicht richtig wahrgenommen und zudem eingeengt. Er erhält keine Chance, eigene Lösungen zu entwickeln und Kompetenzerfahrungen zu sammeln.

Überforderung in der Beziehung

In einer therapeutischen Situation muss der Therapeut mit seinen Gefühlen und den emotionalen Reaktionen der Klientin konstruktiv umgehen. Kann er das nicht, ist er deutlich überfordert, so wie dieser Therapeut:

BEISPIEL »Er war manchmal so launisch und empfindlich! Er hat sich schnell angegriffen gefühlt und ist dann richtig eingefroren. Wenn ich nicht ›brav‹ war, hat er mir lange Predigten gehalten und mir erzählt, wie toll er selber ist und was ich alles anders machen muss. Das hab ich zu Hause bei meinem Mann auch, dafür brauche ich keinen Therapeuten!«

Der Therapeut trägt in diesem Fall seine persönlichen Problemmuster mit der Klientin aus. Er hat sich selber nicht genug reflektiert, kennt seine Emotionen nicht und kann mit ihnen nicht umgehen. Er zeigt die ganze Palette von Empfindlichkeit, über Aggression bis hin zu gekränkter Eitelkeit. Das wird dann zu einem therapeutischen Fehler, wenn es ein Dauerzustand ist oder immer wiederkehrend in der Therapie stattfindet. Im Rahmen der Ausbildung sollten Therapeuten durch Selbsterfahrung und Supervision so weit kommen, die Therapie nicht zum Spielfeld eigener Störungen zu machen.

Das heißt nicht, dass der Therapeut nicht auch mal Gefühle zeigen darf. Wenn der Therapeut jedoch in einer Sitzung enttäuscht oder vorwurfsvoll reagiert, sollte er das von sich aus ansprechen und auf jeden Fall auf die Beschwerde der Klientin eingehen. Nur so kann aus einer vielleicht unprofessionellen, aber spontanen menschlichen Reaktion eine Lösungsstrategie werden.

Chaos in der Therapie

Auch wenn von der Wahl der Methode nicht der Erfolg der Therapie abhängt, ist es doch wichtig, dass der Therapeut konsequent einer nachvollziehbaren Richtung folgt. Der häufige Wechsel von einem Verfahren zu einem anderen hat sich als nicht effektiv erwiesen und ist für den Klienten verwirrend:

BEISPIEL »Mal hat er kaum was gesagt und mich wochenlang reden lassen. Dann wieder hat er ständig mit mir Therapieziele gesucht und Veränderungsschritte besprochen. Ich hab überhaupt kein System erkennen können. Alles war mehr oder weniger zufällig. Mich hat das verwirrt.«

Der Klient muss die Möglichkeit haben, sich auf ein Entstehungs- und Veränderungsmodell in der Therapie einzustellen. Im Umgang mit dem Therapeuten entwickelt er neue Betrachtungsweisen und Handlungsmuster. Je klarer die Methode des Therapeuten ist, je zuverlässiger sein Verhaltensmuster, umso leichter kann der Klient beides für sich persönlich nutzen. Das heißt nicht, dass der Therapeut nicht unterschiedliche Interventionsstrategien anbieten darf, solange die Strategien in ein Therapiemuster passen und nicht willkürlich von allem ein bisschen ausprobiert und nichts zu Ende geführt wird.

Therapeuten sollten in vielerlei Hinsicht zuverlässig sein. Pünktlichkeit, klare Regeln und die Akzeptanz und Einhaltung von Vereinbarungen sind Grundvoraussetzungen für eine erfolgreiche Zusammenarbeit. Wenn die Therapeuten sich chaotisch verhalten, dann ist es nicht verwunderlich, wenn die Klienten das auch tun.

Grenzverletzungen

Klienten, die sich in eine Psychotherapie begeben, haben den berechtigten Anspruch, ihren Therapeuten in jeder Hinsicht vertrauen zu dürfen. Dazu gehört die Schweigepflicht (siehe Serviceteil) genauso wie die Einhaltung von Grenzen und Regeln durch alle Beteiligten. Therapeuten sind gehalten, die Beziehungen so zu gestalten, dass keine Grenzverletzungen und auch keine Abhängigkeiten – insbesondere zum Nachteil der Klienten – entstehen. Trotzdem kommt es in therapeutischen Beziehungen immer wieder zu Grenzüberschreitungen unterschiedlicher Art durch die Professionellen:

BEISPIEL »Er hat doch tatsächlich zu mir gesagt, dass sich eine Diät bei mir ja eh nicht lohnt. Ich wusste nicht so recht, was ich damit anfangen soll. Macht der Witze oder meint der das ernst?! Fragen hab ich mich nicht getraut. Es hat mich einfach nur noch mehr verunsichert. Hoffentlich kommt er mir nicht wieder in dem Ton, hab ich mir vor jeder Sitzung gedacht.«
Was eine Grenzverletzung ist, ist nicht immer eindeutig. Die Grenze zwischen hilfreichen Provokationen und kränkenden Beleidigungen kann fließend sein. Nur auf der Basis einer sehr wohlwollenden, vertrauensvollen und akzeptierenden therapeutischen Beziehung können provokative Methoden nützlich sein. Manchmal bedarf es zum Aufrütteln, zur Aufmerksamkeitslenkung oder zur Unterbrechung eines Kommunikationsmusters einer Provokation. Wenn es gut läuft, kann es bei der Klientin zu einem Aha-Erlebnis führen, eine Verblüffung her-

vorrufen, einen neuen Blickwinkel eröffnen oder auch mal zu einem erwünschten Gefühlsausbruch kommen.

Eine gute Provokation hat viel mit Humor in der Therapie zu tun. Einen Veränderungsanstoß geben durch eine Provokation, die mögliche Veränderung weiterentwickeln mit gemeinsamem Humor und die Hinführung zu einer Lösung kann ein möglicher Ablauf sein. Damit das funktioniert, bedarf es einer tragfähigen Beziehung. Für hilfesuchende Menschen ist es ganz wichtig, den Therapeuten vertrauen zu können. Dies bedeutet aber auch, dass die Klienten für sich überprüfen und entscheiden, ob ihr Gegenüber tatsächlich vertrauenswürdig ist. Wenn der Eindruck entsteht, dass ein Vertrauensbruch oder eine Grenzüberschreitung vorliegt, dann sollte dies in der Therapiesitzung geäußert werden. Falls dies nicht auf die gewünschte Resonanz stößt, ist ein Abbruch der Therapie angesagt und sollte eine andere Therapeutin aufgesucht werden. Es besteht auch die Möglichkeit, bei Patientenbeschwerdestellen (siehe Serviceteil) oder einem Rechtsbeistand Unterstützung zu holen.

Unzulässige Arbeitsverhältnisse

Untersuchungen über therapeutische Grenzüberschreitungen zeigen, dass manche Therapeuten ihren Klienten Arbeitsverhältnisse anbieten. Es ist höchst unprofessionell und schädlich, wenn eine Therapeutin darauf eingeht und die Klientin zum Putzen, zur Gartenarbeit oder als Bürohilfe engagiert, selbst wenn sie angemessen bezahlt wird und sie, wie in dem Beispiel, dringend einen Job sucht:

BEISPIEL »Ich hab mich gefreut, als meine Therapeutin mich gefragt hat, ob ich den Sommer über ihren Garten pflegen möchte. Die Therapie war sowieso bald zu Ende und das Geld konnte ich wirklich gebrauchen. Es war komisch, aber ab da konnte ich nicht mehr so mit ihr über meine Probleme reden. Ich kannte sie plötzlich auch anders und das hat mich gebremst.«

Bei manchen Klienten besteht das Problem genau darin, dass sie ihre Beziehungen vorzugsweise in einem abhängigen und selbstausbeuterischen Muster gestalten.

Auch das Gegenteil ist möglich. Zu viel Wissen über die Therapeutin als Person, über ihren Lebensalltag und ihre Probleme kann es der Klientin schwer machen, in dieser Rolle zu bleiben. Manche wünschen sich die Therapeutin dann lieber als Freundin, um die sie sich gerne kümmern möchten. Es kann nicht angehen, dass Therapeuten dieses Muster unterstützen. Es gibt immer andere Wege, der Klientin zu helfen, eine Arbeit und eine Alltagsstruktur zu finden.

Sexueller Missbrauch von Abhängigen

Leider kommt es immer wieder zu sexuellen Übergriffen in der Psychotherapie. So geben 85 Prozent der befragten Therapeuten in einer Studie der Deutschen Gesellschaft für Psychoanalyse, Psychotherapie, Psychosomatik und Tiefenpsychologie (DGPT) an, mindestens mit einer, in einer Psychotherapie missbrauchten Klientin eine Folgetherapie gemacht zu haben. BECKER und FISCHER (2008) kommen zu dem Schluss, dass es in Deutschland jährlich ungefähr zu 600 sexuellen Übergriffen überwiegend an Patientinnen kommt. Die Täter sind zu 90 Prozent männlichen Geschlechts, während die Opfer zu 90 Prozent Frauen sind. Es wird jedoch vermutet, dass die Dunkelziffer bei den männlichen Opfern relativ hoch ist.

Sexuelle Übergriffe können in unterschiedlicher Form in der Therapie vorkommen. Neugierige Detailnachfragen des Therapeuten zu Sexualpraktiken können ebenso Grenzüberschreitungen darstellen wie unerwünschte körperliche Berührungen. Es gibt sogar Therapeuten, die ihre sexuellen Übergriffe therapeutisch zu legitimieren versuchen, z. B. im Rahmen einer Körpertherapie. Doch ein solches Verhalten ist kein Kunstgriff, sondern ein Kunstfehler, mehr noch: ein Straftatbestand.

Meist sind es Frauen, die von männlichen Therapeuten sexuell ausgebeutet werden. Bei vielen ist in der Biografie ein sexueller Missbrauch in der Kindheit oder Jugend zu finden. In der psychotherapeutischen Beziehung werden das Nähebedürfnis der Klientin und die Sehnsucht nach Vertrautheit vom Therapeuten zur Befriedigung seiner eigenen sexuellen Bedürfnisse missbraucht. Es geht dabei um Macht, Abhängigkeit und Ausbeutung. Für die Betroffenen kommt es zu einer erneuten Traumatisierung.

Dass sich Männer oder Frauen – meist vorübergehend – in ihren Therapeuten verlieben, ist immer wieder der Fall. Dass der Therapeut zum Objekt der Liebe wird, kann z. B. in analytischen Ansätzen sogar Bestandteil des therapeutischen Prozesses sein. Aber auch wenn eine Klientin ein sexualisiertes Beziehungsangebot macht, darf der Therapeut darauf nicht eingehen. Je nach Therapieschule gibt es verschiedene Umgangsweisen damit. In der Regel wird das Problem angesprochen und auf andere Weise therapeutisch genutzt. Auf keinen Fall darf es zu sexuellen Handlungen kommen.

Therapeuten sind gehalten, sich an den berufsethischen Verpflichtungen ihrer Berufsverbände zu orientieren. Tun sie es nicht, sollten die Klientinnen sich beschweren (Adressen der Patientenbeschwerdestellen im Serviceteil) und gegebenenfalls auch Strafanzeige erstatten.

Bei sexuellen Grenzüberschreitungen und Gewalt in der Therapie bieten die örtlichen Notrufe für sexuelle Gewalt Hilfe an. Eine Strafanzeige gegen den Täter steht im Ermessen der missbrauchten Person. Ein psychosozialer Schutz und therapeutische Begleitung sollten dabei auf jeden Fall sichergestellt sein. Wenn ein sexueller Übergriff bekannt wird und der Nachweis geführt werden kann, dann erfolgt ein Ausschluss aus der jeweiligen Ärzte- oder Psychotherapeutenkammer. Die Berufsverbände in Deutschland verfügen zudem über Ehrengerichtsordnungen. So hat z. B. der Berufsverband Deutscher Psychologinnen und Psychologen schon Täter aus dem Berufsverband ausgeschlossen.

Veränderungen im Alltag verankern

Der Transfer der therapeutischen Inhalte und Veränderungsschritte in den Alltag ist ein fortlaufender Prozess, der in der Regel therapeutisch gestaltet und nicht dem Zufall überlassen wird.

Neues Erleben und Verhalten stabilisieren

Während der Sitzung oder danach aufschreiben, was wichtig war, ist eine Möglichkeit, die Inhalte zu verankern. Ich rege meine Klienten an, während des ganzen Therapieverlaufs ein sogenanntes »Therapiebegleitbuch« zu führen. Manche Bücher sind vollgeschrieben, in manchen stehen nur ein paar entscheidende Dinge. Jeder und jede gestaltet dieses Buch anders, doch für viele ist es ein wichtiges Hilfsmittel für das Resümee und für den Blick in die Zukunft. Schwarz auf Weiß zu sehen, was sich verändern soll und sich verändert hat, welche Betrachtungsweisen und Strategien sich dabei als hilfreich erwiesen haben, stellt nicht zuletzt auch ein »Dokument« der eigenen Leistung dar.
Nicht nur Aufzeichnungen, sondern auch Zeichnungen, Skizzen und Diagramme helfen, Erfahrungen »sichtbar« zu machen und zu speichern. Je mehr Sinne genutzt werden, umso besser merkt sich das Gehirn neue Informationen. Neue Bewertungsmuster können z. B. mit inneren Bildern, die mit allen Sinnen gestaltet werden, verfestigt werden. Für eine Angstpatientin kann das innere Bild eines »sicheren Ortes« ein wichtiges Instrument sein, um wieder Sicherheit im Alltag zu gewinnen.
Die Umsetzung von Modellen in Handlung ist die zuverlässige Methode, neues Erleben und Verhalten zu stabilisieren. Das

kann auch darin bestehen, vertrauten Personen, die in der Therapie entwickelten Ideen und Vorsätze zu erklären. Wenn etwas verständlich vermittelt werden kann, dann hat die erklärende Person nicht nur durch die wiederholte Durcharbeitung den Inhalt verinnerlicht, sie hat durch die Mitteilung auch einen »Mitwisser« geschaffen, der nachfragen kann, was denn aus den Vorsätzen geworden ist. Das kann ein Ansporn sein, das Geplante zu tun. Als hilfreich erkannte Veränderungen auszuprobieren, neue Erfahrungen zu machen, sind sichere Wege, um im Alltag neue Muster aufzubauen. Deshalb ist es auch wichtig, in den Psychotherapiesitzungen empfohlene Übungen tatsächlich durchzuführen. Die Erfahrung, einen Schritt in Richtung der gewünschten Veränderung unternommen zu haben, erzeugt ein positives Gefühl, wird als Erfolg erlebt und verfestigt sich nachhaltig. Je konsequenter geübt wird, umso wirkungsvoller und umso anhaltender sind die Veränderungen. Am Ende einer Therapie werden diese Strategien immer gezielter von den Klienten und Klientinnen eingesetzt.

---- **Herr F.: »Ich habe gelernt, viel mehr von meinen Gefühlen wahrzunehmen«**

Herr F., 26 Jahre alt, Angestellter in einem technischen Betrieb, hat eine vier Jahre ältere Freundin mit einem achtjährigen Sohn. Er hatte Panikattacken morgens beim Aufwachen, abends beim Einschlafen und bei monotonen Tätigkeiten am Arbeitsplatz. Die erste Attacke hatte er an einem Montagmorgen, als er in der Aufwachphase über die kommende Arbeitswoche nachdachte. Nach 22 Sitzungen finden die Sitzungen nicht mehr wöchentlich, sondern nur noch monatlich statt. Herr F. war zunächst unsicher, ob er so lange alleine klar kommen würde. Er nahm jedoch die von der Therapeutin für den Notfall in Aussicht gestellte Krisensitzung nicht in Anspruch.

Therapeutin – Wie ist es Ihnen ergangen in den vier Wochen seit der letzten Sitzung?

Herr F. – Besser als ich dachte! Meistens lief alles ganz normal. Wie das so ist, ich hab immer nur an die Therapie gedacht, wenn es mir gerade nicht so gut ging.

Therapeutin – Und an was genau haben Sie da gedacht?

Herr F. – Na ja, es geht mir dann nicht gut, wenn ich wieder anfange zu grübeln und mich in was reinsteigere. Das erkenne ich jetzt schnell und mache sofort einen »Gedankenstopp«. Dann überlege ich, ob das ein Problem ist, das ich lösen muss oder ob ich mich nur verrückt mache. Ich muss das immer noch ganz bewusst machen.

Therapeutin – Ja, sie unterbrechen den Automatismus ganz bewusst und was machen sie dann?

Herr F. – Entweder ich schreibe das Problem auf und denke nach, was ich machen kann oder ich bring das gleich in Ordnung. Also, mit meiner Freundin hatte ich so eine Situation. Ihr Ex-Mann hat den Sohn nach dem Wochenende zurückgebracht. Er hat ziemlich rumgestänkert, wegen Geldsachen und so. Meine Freundin hat dauernd mich angeschaut, so nach dem Motto »jetzt sag du doch auch mal was«. Ich hatte wieder so einen Druck im Magen. Mein Herz hat angefangen zu rasen und mir ist ganz heiß geworden. Ich konnte nichts sagen und dann hab ich mir gedacht: »Du willst auch nichts sagen, Paul! Das ist ihre Angelegenheit!«. Ich hab dann noch meine Atemspannung gemacht, direkt im Hausflur! Hinterher habe ich dann mit ihr darüber geredet, dass mich ihr Sohn was angeht, weil ich mit ihm lebe. Was sie aber mit ihrem Ex verhandelt, das ist ihre Sache und nicht meine. Sie war zwar nicht begeistert und das ist noch lange nicht ausgestanden, ab da hat sie mich erst mal in Ruhe gelassen.

Therapeutin – Jetzt lassen sie uns doch mal zusammenfassen, was Sie da genau getan haben. Diesmal haben Sie Ihre Körperreaktion frühzeitig wahrgenommen. Im Vergleich zum Anfang der Therapie waren Sie da ja sehr schnell.

Herr F. – Ja, ich habe gelernt, viel mehr von meinen Gefühlen wahrzunehmen und kann auch sagen, was ich gerade fühle, nicht nur Panik verbreiten, wenn es schon zu spät ist!

Therapeutin – Dann haben Sie Abstand hergestellt und geprüft, was Sie anstelle dessen brauchen und wollen. Dann kam der innere Dialog...

Herr F. – Ja, ich habe mit mir selber geredet und mir den Druck genommen. Mit der Atemübung habe ich den Körper wieder beruhigt. Und dann habe ich versucht, den Konflikt zu lösen. Ich habe es nicht aufgeschoben, sondern es direkt angesprochen. Das regt mich zwar immer noch innerlich auf, aber wenn es raus ist, geht es mir besser und auch meiner Freundin.

Therapeutin – Das ist ein gutes Beispiel für eine Möglichkeit, wie es gut laufen kann.

Herr F. – Ja, das sehe ich auch so.

Therapeutin – Haben Sie so einen Ablauf schon in Ihrem Therapiebuch oder würde es sich lohnen, das genau aufzuschreiben als Erinnerung für die Zeit nach der Therapie?

Herr F. – Ich glaube, so was Ähnliches steht schon mal drin, aber doppelt hält besser!

Therapie als Wegbegleitung für eine begrenzte Zeit

Je nach Therapierichtung, Problemlage und Persönlichkeit der Beteiligten unterscheiden sich das Therapieende und der Ablösungsprozess. In der Regel ist das Therapieende gut vorbereitet und wird als »runde Sache« erlebt und beendet. Viele Klienten haben das Gefühl, ihre Anliegen bearbeitet und ihre Ziele weitgehend erreicht zu haben. Die Beendigung der Therapie wird als folgerichtiger Schritt erlebt und die Sicherheit, den eigenen Weg gehen zu können, überwiegt. In den meisten Fällen wird die Häufigkeit der Termine am Ende einer Therapie wie bei Herrn F. reduziert, so dass der Übergang fließend ist. Wer unsicher ist, kann zwei bis drei Sitzungen für den Notfall »aufheben«. Das Wissen, im Krisenfall noch einmal kommen zu können, gibt Sicherheit und erleichtert den Übergang.

Manche Klienten haben das Gefühl, dass es immer noch was geben könnte, was zu verändern sich lohnen würde. Der Schritt des Loslassens fällt ihnen nicht leicht. Die Wahrnehmung der positiven Veränderungen im Therapieprozess schafft oft eine intensive Beziehung zur Therapeutin und zu diesem regelmäßigen Ereignis. Bei längeren Therapien werden die Sitzung und mit ihr diese Art der Selbstreflexion, sozialer Beziehung und Problemlösung in den Alltag integriert. Es fällt dann schwer sich ein Leben ohne Therapie vorzustellen. Doch auch wenn am Ende der Therapie Zweifel kommen, ist es nur in wenigen Fällen sinnvoll, dann erst die Entscheidung für eine Therapieverlängerung zu treffen. Die Entscheidung für eine Verlängerung der Therapie muss entweder früher fallen oder eben nicht. Dafür ist es wichtig, immer wieder die Entwicklung im Therapieprozess zu prüfen. In einer Kurzzeittherapie sollte spätestens nach 20 Sitzungen klar sein, ob eine Verlängerung notwendig ist oder nicht. Mit der Verlängerungsentscheidung sollte auch der Verlängerungsantrag vorbereitet werden, damit die Verlängerung gegebenenfalls direkt an die letzte Therapiesitzung anschließen kann.

Trennung ist immer mit Schmerz und einer gewissen Trauer verbunden. Diese können »weggesteckt« werden und sich zu all den anderen Schmerzen summieren oder aktiv erlebt, »überlebt« und damit bewältigt werden. Diese Gefühle aktiv zuzulassen, darüber zu reden und gut damit umzugehen, ist Teil der Therapie. Wer sich davor drückt, vergibt eine Lernchance. Wer die Ablösung schafft, verbessert die Chancen, mit der nächsten Trennung im Leben besser umgehen zu können.

Wenn es am Ende der Therapie Schwierigkeiten gibt, dann war schon im Verlauf der Sitzungen etwas mit der therapeutischen Beziehung nicht in Ordnung. Deshalb ist es für Klienten immer wieder wichtig, zwischendurch zu prüfen, was sich verändert hat, welche Ziele erreicht wurden und worauf in Zukunft zu achten ist.

---- **Frau D.: »Ich weiß, was ich tun kann«**

Zu Beginn der Therapie war die Klientin 21 Jahre alt und hatte gerade mit dem Studium begonnen (vgl. das Kapitel »Die geschickte Klientin«). Nach 43 Sitzungen in einem Zeitraum von 20 Monaten steht die Beendigung der Therapie bevor. Die Klientin hat ihr Therapiebegleitbuch mitgebracht.

Frau D. – Ich bin ja damals auf Druck meiner Familie gekommen. Am Anfang der Therapie war ich sehr verzweifelt und hatte nur ganz wenig Hoffnung, dass sich was ändern würde. Das war das

Erste, was sich verändert hat. Ich hab damals gemerkt, dass es anderen vor mir schon so gegangen ist, dass denen geholfen wurde, und dass dann wohl auch bei mir was anders werden kann.

Therapeutin – Ja, Sie haben Motivation für Veränderung entwickelt. Was genau waren Ihre Veränderungsziele?

Frau D. – Der Grund für die Therapie war die Bulimie. Ich denke zwar immer noch viel über Essen und das Schlanksein nach, aber es beherrscht mich nicht mehr. Mein Essverhalten ist ziemlich normal geworden. Ich erbreche nicht mehr, auch nicht, wenn ich mal zu viel gegessen habe oder wenn es mir emotional schlecht geht. Erbrechen kommt für mich nicht mehr in Frage. Ich hoffe, das bleibt auch so!

Therapeutin – Das war der Therapieanlass und daraus hat sich das zentrale Ziel ergeben. Was noch?

Frau D. – Damals hatte ich irgendwie einen vagen Wunsch, rauszukommen aus der Familie. Ich wusste nicht, wie und ob ich das allein schaffen würde. Nachdem mir klar wurde, wie verstrickt ich in die Probleme meiner Eltern war und wie sehr mich das belastet hat, war der Auszug genau der richtige Schritt. Als mir das klar war, konnte ich auch ganz konkrete Vorstellungen entwickeln und in kleinen Schritten darauf hinarbeiten. Jetzt fühle ich mich in der Wohngemeinschaft sehr wohl.

Therapeutin – Wie war das mit den konkreten Vorstellungen und den kleinen Schritten?

Frau D. – Wir haben ja damals so ein Wunschbild entwickelt, »Mein Leben in zwei Jahren«. Ich hab erst mal drauflosgesponnen, was mir so eingefallen ist. Ich fand mich unheimlich mutig! Dann habe ich aussortiert und gesehen, was machbar ist. Ich wollte nicht allein sein, wollte lieber mit anderen Menschen leben. Auf jeden Fall einen Balkon haben und ohne Auto auskommen! Der schwerste Schritt war es, den Auszug meinen Eltern beizubringen. Ich hab vorher schon geahnt, dass meine Mutter wieder depressiv werden würde, aber es war so wichtig für mich, rauszukommen.

Therapeutin – Ja, Sie hatten damals Angst, die Eltern allein mit sich zu lassen. Besonders die Ablösung von der Mutter und der Auszug waren wichtige Ziele. Was noch?

Frau D. – Meine Stimmung war oft sehr schwankend. Ich hatte depressive Phasen und hab mich selber nicht leiden können. »Selbstakzeptanz und emotionale Stabilität« hab ich als Ziel in mein Therapiebuch geschrieben. Für mich war es unheimlich wichtig, dass ich endlich neue Leute kennengelernt habe. Ich musste raus aus meinem Sumpf. Ich kannte zwar einige Studis vom Sehen, aber ich hab ja die meiste Zeit zu Hause gehockt. Nach der Uni rein in den Supermarkt, Essen kaufen, Nachhause, Essattacke, Erbrechen und dann ging nichts mehr! Ich war oft so aufgequollen und erschöpft, ich konnte gar nicht mehr raus. Ich musste mich einsam fühlen und schlecht drauf sein!

Therapeutin – Die Essstörung stand in engem Zusammenhang mit ihrem Selbstwertgefühl und ihrer Stimmung. Sie hat auch viel Lebenszeit in Anspruch genommen.

Frau D. – Ja, ich habe einen Essensplan aufgestellt und mir überlegt, was ich stattdessen tun könnte. Den Aktivitätsplan schaue ich mir heute noch manchmal an, wenn ich einen Durchhänger habe. Wissen Sie noch, damals war meine erste »soziale Runde« ein gemeinsames Referat mit zwei anderen! Aufregenderes ist mir damals einfach nicht eingefallen!

Therapeutin – Wie ist es denn jetzt mit ihren sozialen Kontakten?

Frau D. – Also, die wichtigsten sind für mich meine beiden WG-

Mitbewohnerinnen. Ich bin so froh, dass ich nach dem gescheiterten Experiment mit dem Alleinwohnen nicht wieder zu den Eltern zurück bin. Das war eine echte Krise. Es war ein tolles Gefühl, nicht aufgegeben zu haben und es hat sich sehr gelohnt. Mit Katrin studiere ich ja auch zusammen. Sie ist wirklich eine enge Freundin. Und Susi ist die Stimmungskanone! Sie hat echt Action in mein Leben gebracht!

Therapeutin – Gibt es noch andere Anknüpfungspunkte für Beziehungen?

Frau D. – Ja, ich gehe jetzt von mir aus stärker auf andere Menschen zu, auch auf Männer. Da habe ich noch viele Ängste, aber ich renn nicht mehr gleich weg, wenn mich einer anspricht. Dabei sicher zu werden und auch mal einen Freund zu haben, das ist noch ein wichtiges Ziel. Ich kann mich erinnern, als Sie mir die »Dornröschen-Geschichte« erzählt haben! Der 100-jährige Schlaf ist vorbei! Such dir einen Prinzen! Ich tue mein bestes, ich weiß ja jetzt, wie es geht!

Therapeutin – Das wird ganz sicher auch noch klappen! Wenn Sie ihre Ziele auf der Skala von 0 bis 10 bewerten, wo stehen Sie jetzt?

Frau D. – Was die Essstörung angeht, so würde ich sagen 6–7. An schlechten Tagen habe ich noch Essdruck und manchmal beim Essen kommt die Angst, ich könnte dick werden und der ganze alte Kram. Ich weiß, ich kann damit umgehen, aber ganz hundertprozentig sicher bin ich mir dann nicht. Ich weiß, was ich tun kann. Der Notfallplan hat bisher immer funktioniert, aber es bleibt so ein Restrisikogefühl. Mit dem werde ich wohl noch eine ganze Zeit leben müssen.

Mit meinen Eltern läuft es jetzt besser als damals, als ich noch Zuhause gewohnt habe. Ich würde sagen 8. Ich lasse mich zwar immer wieder mal in die Streitereien und Machtkämpfe meiner Eltern reinziehen. Ich merke aber schnell, wie mich das runterzieht, und ich hau dann ab und lass sie ihr Ding allein machen. Jetzt habe ich ja einen »sicheren Ort«, nicht nur im Kopf, sondern auch im echten Leben.

Therapeutin – Das mit der WG ist ja eine ganz wichtige Veränderung für Sie.

Frau D. – Ja, damit bin ich sehr zufrieden, 9,5! Und auf der Befindlichkeitsskala, was Stimmung und Selbstwert angeht, schwanke ich so zwischen 7 und 8. Es gibt auch mal richtig schlechte Tage, da bin ich dann auf 3, aber das ändert sich schnell wieder. Insgesamt fühle ich mich deutlich besser als vor der Therapie. Was soziale Kontakte außerhalb der WG und Partnerschaft und so angeht, da stehe ich auf der Skala bei 5. Damit bin ich noch nicht ganz glücklich!

Therapeutin – Dafür werden wir noch einen konkreten Umsetzungsplan für die Zeit nach der Therapie erarbeiten. Mal sehen, ob das nicht noch einen Punkt auf der Skala bringt.

---- **Bilanz und Abschluss der Therapie**

Gerade in den letzten Sitzungen ist es wichtig zu bilanzieren. Was wurde erreicht, durch welche Einstellungsänderungen, Bewältigungsschritte, Verhaltensänderungen, emotionale und kognitive Umstrukturierungen sind die Veränderungen gekennzeichnet? Was genau an eigener Aktivität und Verantwortungsübernahme hat für diese positiven Veränderungen gesorgt und was wird in Zukunft anders ablaufen?

Wenn der Abschluss der Therapie gut vorbereitet ist, dann sollte sich die Angst, »plötzlich allein dazustehen«, in Grenzen halten, weil die eigenen Kompetenzen gewachsen sind und weil ein soziales Netz aufgebaut wurde. Ist das nicht der Fall, dann sollte schon vorher klar sein, dass die Therapie eben nicht zu Ende gehen kann und eine entsprechende Verlängerung beantragt werden muss. Gibt es mit dem Abschluss der Therapie spezielle Probleme, dann sind diese Teil des Therapieprozesses.

Neben der Bilanz lassen sich viele Therapeuten auch eine Rückmeldung geben über das, was an therapeutischen Methoden und der persönlichen Arbeitsweise nützlich und hilfreich war. Wenn die Klienten deutlich sagen, was hilfreich war, was ihnen gefehlt hat oder was sie nicht nützlich fanden, dann kann diese Rückmeldung für Therapeuten eine ganz wichtige Quelle zur selbstkritischen Prüfung der eigenen Arbeitshaltung und des therapeutischen Angebots sein.

Da es für ambulante Psychotherapie inzwischen verbindliche und standardisierte Maßnahmen zur Qualitätsprüfung und -sicherung gibt (QEP, etc.), kommen dabei auch immer häufiger Fragebögen zum Einsatz. Mit diesen wird z. B. die Zielerreichung eingeschätzt, die Verminderung der Problempunkte oder die Zufriedenheit mit dem Leben im Allgemeinen abgefragt. Der Einsatz von Fragebögen am Ende einer Therapie macht aber nur Sinn, wenn auch am Anfang der Therapie entsprechende Bögen ausgefüllt wurden und damit ein Vergleich möglich ist.

Die Bilanzierung dient dazu, den erreichten Stand zu beschreiben und die Zufriedenheit zu prüfen. Es kann auch mal sein, dass jemand nicht besonders zufrieden ist mit dem Erreichten und es trotzdem in Ordnung ist, den Therapieprozess zu beenden. Ein nicht erreichtes Ziel heißt noch lange nicht, die Therapie fortsetzen zu müssen. Es kann auch sein, dass dieses Ziel aufgegeben wird und damit auch Zufriedenheit besteht. Die Standortüberprüfung am Ende ist aber meistens von einem Erfolgsgefühl begleitet, wenn die Ablösungstrauer und der Transfer gut bewältigt sind. Sinnvoll kann es auch sein, im Abschluss an die Therapie eine Selbsthilfegruppe aufzusuchen. Bei Suchtproblemen ist das geradezu eine Voraussetzung für den dauerhaften Erfolg.

> **Hilfreiche »Bilanz«fragen:**
> - Ist der Anlass der Psychotherapie so weit bewältigt, dass die Anforderungen des Alltags nicht mehr bedrohlich sind?
> - Gibt es eine Erklärung, warum das alles so gekommen ist?
> - Besteht der Wunsch, zukünftig Verantwortung und Sorge für sich selbst zu übernehmen?
> - Ist das Vertrauen, zukünftig besser mit Krisen umgehen zu können, größer geworden?
> - Macht die Arbeit zufrieden?
> - Sind die sozialen Kontakte gut?
> - Ist die Toleranz anderen und sich selbst gegenüber größer geworden?
> - Hat die Fähigkeit, sich abzugrenzen und wenn nötig »Nein« zu sagen, zugenommen?
> - Sind Nähe und Körperkontakt willkommen?
> - Gibt es immer wieder mal richtige Glücksmomente?
> - Gibt es eine Perspektive für die Zukunft?

Kurz: Lautet Ihr Fazit: »Ich habe die Therapie gut für mich genutzt und weiß, wie meine nächsten Schritte aussehen«, dann können Sie mit Stolz auf sich die Therapie abschließen.

Serviceteil

Was ist eine Anamnese?

Bei einer Anamnese wird die Vorgeschichte der Klienten in Bezug auf die aktuellen Probleme erhoben. Dabei werden konkrete biografische und störungsbezogene Fragen gestellt (typische Fragen finden Sie im Kapitel »Wozu eine Diagnose?«). Manche Therapeuten nutzen verschiedene psychologische Tests oder Fragebögen, andere führen das Anamnesegespräch anhand eines Leitfadens durch. Bei einigen wenigen Störungsbildern kann es auch sinnvoll sein, Angehörige einzuladen, um durch eine »Fremdanamnese« ergänzende Informationen zu gewinnen. Die systematische Sammlung von störungsrelevanten Informationen dient der Diagnosestellung und ist Voraussetzung für individuelle therapeutische Interventionen.

Was sind Diagnosen?

Eine Diagnose ist ein Name für eine Krankheit, der nach Vorliegen bestimmter Symptome vergeben wird. Für alle Krankheitsbilder gibt es international gültige Kriterien, die aktuell im ICD-10 (Internationale Klassifikation der Diagnosen, 10. Revision) niedergelegt sind. In diesem Manual werden auch psychische Störungen bestimmten Merkmalen verbindlich zugeordnet. Jede psychische Störung hat einen eigenen Diagnoseschlüssel im Kapitel F des ICD-10.
Die Kriterien für eine Diagnose sind stufenweise aufgebaut. Bei einer Depression wird z. B. auf der ersten, allgemeinen Ebene eine Reihe von typischen Beschwerden beschrieben. Danach

erfolgt eine Ausdifferenzierung durch weitere Merkmale, weil es viele verschiedene Ausprägungen gibt. Der ICD-Code unterscheidet zwischen leichten, mittelgradigen oder schweren Episoden. Die einzelnen Kriterien dieser und anderer Diagnoseschlüssel können im Internet nachgelesen werden unter www.dimdi.de. (»Übersetzungshilfen« findet man unter www.diagnosendolmetschen.de.)

Der ICD-Code wird in die Antragsformulare für die Krankenkasse eingetragen, da ohne Diagnose mit Krankheitswert keine Therapie bewilligt wird.

---- **Wer darf eine kassenfinanzierte Psychotherapie durchführen?**

Seit Januar 1999 gibt es verbindliche Richtlinien zur Durchführung und Finanzierung von psychotherapeutischen Leistungen. Das ist in dem »Gesetz über die Berufe des Psychologischen Psychotherapeuten und des Kinder- und Jugendlichenpsychotherapeuten«, kurz PsychThG, geregelt. Auf der Basis dieses Gesetzes werden die Berufsbezeichnungen »Psychologischer Psychotherapeut« und »Kinder- und Jugendlichenpsychotherapeut« festgelegt. Wer ein abgeschlossenes Medizin- oder Psychologiestudium hat und eine Therapieausbildung bei einem staatlich anerkannten Ausbildungsinstitut vorweisen kann, erhält die Approbation, d. h. die berufsrechtliche Anerkennung. Bei Kinder- und Jugendlichenpsychotherapie wird auch ein Studium der Diplom-Pädagogik oder der Diplom-Sozialpädagogik plus einer entsprechenden Therapieausbildung anerkannt.

Wenn ein Psychotherapeut oder eine Psychotherapeutin Mitglied der Kassenärztlichen Vereinigung ist, kann sie bestimmte therapeutische Leistungen mit allen gesetzlichen Krankenkassen abrechnen. Die Zulassung hängt jenseits der Ausbildung auch von der Versorgungssituation in der Region ab. In jeder Region gibt es eine festgelegte Zahl von Kassensitzen, die von der Bevölkerungsdichte abhängt.

Steht allerdings in absehbarer Zeit kein Therapieplatz bei einem zugelassenen Richtlinientherapeuten zur Verfügung und ist die Dringlichkeit sehr hoch, dann kann es im Einzelfall sein, dass die Kosten für die Therapie auch bei einem Nicht-Richtlinientherapeuten oder bei einem nicht sozialrechtlich zugelassenen Richtlinientherapeuten von den Krankenkassen erstattet werden (Kostenerstattungsverfahren § 13.3 SGB V). Dafür ist eine Bescheinigung über die Notwendigkeit und die Dringlichkeit erforderlich. Auch die probatorischen Sitzungen müssen schriftlich bei der Krankenkasse beantragt werden. Der Therapieantrag muss zudem einen Konsiliarbericht und einen Bericht an den Gutachter enthalten. Die Genehmigung läuft grundsätzlich im Rahmen eines Gutachtenverfahrens. Im Bereich Kinder- und Jugendpsychotherapie bestehen große regionale Engpässe. Da kann es vorkommen, dass für approbierte Psychotherapeuten ohne sozialrechtliche Zulassung bei großem Bedarf eine Ausnahme gemacht wird. Wenn die Therapie genehmigt ist, dann erhalten die Klienten eine Privatrechnung von den Therapeuten und können diese bei ihrer Krankenkasse zur Erstattung einreichen.

Was bezahlt die gesetzliche Krankenkasse?

Die Ausbildung in einem Richtlinienverfahren in Kombination mit der sozialrechtlichen Zulassung berechtigen die psychologischen Psychotherapeuten, Kinder- und Jugendlichenpsychotherapeuten und alle Arten von Fachärzten für Psychotherapie zur Abrechnung mit den Krankenkassen. Unter diesen Bedingungen brauchen Klienten keine Überweisung, sondern können wie zum Facharzt auch direkt zur Psychotherapeutin ihrer Wahl gehen. Allerdings erspart eine Überweisung durch den Hausarzt eine weitere Praxisgebühr. Die Praxisgebühr (oder eine Überweisung) ist jedes Quartal erforderlich, auch wenn die Therapiesitzungen bereits genehmigt sind. Die Praxisgebühr kann auch direkt beim Facharzt oder in der Praxis des psychologischen Psychotherapeuten entrichtet werden. Die dort erhaltene Quittung muss vom Hausarzt akzeptiert werden. Eine neuerliche Zahlung von zehn Euro ist nicht erforderlich.

Zurzeit werden ausschließlich Psychoanalyse, tiefenpsychologisch fundierte Verfahren und Verhaltenstherapie bezahlt. Für diese Leistungen werden zwischen 25 und ca. 300 Sitzungen genehmigt. Zusätzlich tragen die Krankenkassen z.B. die Kosten für maximal fünf Probesitzungen (siehe dort), Hypnotherapie, Entspannungsverfahren, psychologische Tests und Fragebögen sowie verschiedene Formen von Berichten. Nach diesen Regelungen verfahren die Allgemeinen Ortskrankenkassen (AOK), die Ersatzkassen und auch alle Betriebs- und Innungskrankenkassen.

In der Regel von den Krankenkassen bezahlte Stunden bei den Richtlinientherapien (nach Bäuml 2008)

	Verhaltenstherapie	Tiefenpsychologisch fundierte Verfahren	Psychoanalyse
Probesitzungen	5	5	8
Kurzzeittherapie	25	25	–
Langzeittherapie	45	40	160
Erste Verlängerung	60	60	240
Zweite Verlängerung	80	100	300

Die Krankenkassen übernehmen grundsätzlich nur solche Leistungen, für die es eine Ziffer im Leistungskatalog gibt. Es dürfen selbstverständlich nur tatsächlich erbrachte Leistungen abgerechnet werden. Wenn z. B. eine Klientin eine Sitzung vergisst oder diese nicht rechtzeitig, d. h. mindestens drei Tage vorher, absagt, kann die Therapeutin der Klientin ein Ausfallhonorar oder Bereitstellungshonorar (75–100 %) privat in Rechnung stellen, weil sie diese Sitzung nicht mit der Krankenkasse abrechnen kann und ihr ein finanzieller Verlust durch die freigehaltene Stunde entsteht. Bei kurzfristiger Absage wegen Krankheit wird meistens ein ärztliches Attest akzeptiert, aber auch dieser Fall sollte vorher geklärt werden. Es ist wichtig, vor Beginn der Therapie klare Absprachen zu treffen, wie mit ausgefallenen Sitzungen umgegangen wird, dann gibt es keine unerwarteten Honorarforderungen.

Wer zu spät in die Sitzung kommt, muss damit rechnen, dass die Zeit nicht nachgeholt wird. Wenn sich Unpünktlichkeit und Absagen häufen, dann wird das zum Thema in der Therapie gemacht, weil es sicherlich einen ernst zu nehmenden Grund hat. Meist wird das Problem auf diesem Weg gelöst.

Für alle Leistungen, die von der Krankenkasse übernommen werden, dürfen Therapeuten von den Klienten keine Zuzahlung verlangen. Der Kassensatz gilt für alle zugelassenen Psychotherapeuten. Wenn eine gesetzlich nicht anerkannte Therapieleistung, z. B. eine Familienaufstellung, in Anspruch genommen wird, dann muss das privat finanziert werden.

Was bezahlen private Krankenversicherungen?

Therapeuten, die all diese Anforderungen nicht erfüllen, haben nur unter sehr eingeschränkten Bedingungen die Möglichkeit, ihre Leistungen mit einer gesetzlichen Krankenkasse abzurechnen. Bei Klienten mit privaten Krankenversicherungen gestaltet sich die Finanzierung sehr unterschiedlich. Je nachdem, wie umfassend der Versicherungsschutz ausfällt, kann Psychotherapie im Leistungskatalog teilweise, ganz oder auch gar nicht enthalten sein. Prinzipiell bezahlen verschiedene private Versicherungen die gleichen Therapieverfahren wie die gesetzlichen Krankenkassen. Manche privaten Krankenversicherungen zeigen allerdings eine weit geringere Bereitschaft, die Kosten einer Psychotherapie zu übernehmen als die gesetzlichen Krankenkassen. Die Bedingungen müssen jeweils bei den Krankenversicherungen abgefragt oder im Vertrag nachgelesen werden.

Das Antragsverfahren unterscheidet sich ebenfalls von denen der gesetzlichen Krankenkassen. Einige private Versicherungen orientieren sich am Antragsverfahren der gesetzlichen Krankenkassen, wie unten beschrieben. Bei manchen reichen Angaben über die Diagnose, Therapieverfahren, Honorarsatz und voraussichtliche Dauer der Therapie. Meistens ist ein Eintrag des Therapeuten ins Psychotherapeutenregister erforderlich. Genauere Bedingungen müssen auch hier bei der jeweiligen Versicherung abgefragt werden. Es lohnt sich auf jeden Fall, mit der Versicherung in Verhandlung zu treten. Eine schriftliche Zusage über die Erstattung muss vor Beginn der Therapie vorliegen. Grundsätzlich wird der Honorarsatz durch die »Gebührenordnung für Psychotherapie« (GOP) geregelt. Weil die Berechnungsgrößen zwischen dem 1,6-fachen und dem 2,3-fachen des einfachen Gebührensatzes schwanken, können unterschiedliche Beträge in Rechnung gestellt werden. Meistens ist der Honorarsatz pro Therapiestunde bei privat Versicherten höher als bei Pflichtversicherten. In der Regel sollte die Tatsache, dass jemand privat versichert ist, keinen Anreiz darstellen, einem Hilfesuchenden schneller einen Therapieplatz zur Verfügung zu stellen oder Privatversicherten gar generell den Vorzug zu geben, in der Praxis sieht das leider anders aus.

Für Personen, die aus eigener Tasche bezahlen wollen, weil sie z. B. fürchten, dass ihre Daten sonst nicht geschützt sind, gilt die Gebührenordnung für Psychotherapie. Sie erhalten eine Privatrechnung, die dann nach den geltenden Geschäftsbedingungen, die vorher geklärt werden sollten, bezahlt werden muss. Falls eine Privatversicherung in Anspruch genommen wird, erfolgt eine Kostenerstattung durch den Versicherer.

Für Beamte gilt die sogenannte »Beihilferegelung« in Kombination mit einer privaten Zusatzkrankenversicherung. Bei den zuständigen Beihilfestellen gibt es spezielle Antragsformulare, die angefordert werden müssen. Diese werden vor Beginn der Therapie von der Psychotherapeutin ausgefüllt und zusammen mit dem Bericht an den Gutachter zur Beihilfestelle geschickt. Die Beihilferegelung orientiert sich weitgehend an den Vorgaben der gesetzlichen Krankenkassen. Die Klienten erhalten über die genehmigten und erbrachten Leistungen von den Therapeuten eine Privatrechnung, die sie an die Beihilfestelle weiterleiten, um eine entsprechende Kostenerstattung zu erhalten. Der Umfang der Kostenerstattung hängt von den jeweiligen vertraglichen Regelungen der privaten Zusatzversicherung ab. Auch hier ist der Eintrag des Psychotherapeuten im Psychotherapeutenregister Voraussetzung.

Wie werden psychotherapeutische Leistungen honoriert?

Seit In-Kraft-Treten des Psychotherapeutengesetzes kann jeder bei einer Primär- oder einer Ersatzkrankenkasse Versicherte therapeutische Leistungen über seine Chipkarte direkt abrechnen. Wenn der jeweilige Therapeut die Approbation und die sozialrechtliche Zulassung hat, ist das grundsätzlich ohne Einschränkung möglich. Die erbrachten therapeutischen Leistungen werden am Ende des Quartals über die Kassenärztliche Vereinigung mit der jeweiligen Krankenkasse abgerechnet. Die probatorischen Sitzungen (siehe dort) können ohne besondere Genehmigung der Krankenkassen durchgeführt werden. Alle anderen Therapiesitzungen müssen vorher beantragt werden.

Die Bezahlung der therapeutischen Leistung ist in einem verbindlichen Leistungskatalog geregelt. Für jede Position ist eine bestimmte Anzahl von Punkten festgelegt. Eine Einzeltherapiesitzung aller zugelassenen Therapieschulen (50 Minuten) kostet seit 2009 ca. 81 Euro, eine probatorische Sitzung liegt bei ca. 61 Euro.

Die Therapeuten werden nur honoriert für Leistungen, die im Leistungskatalog durch eine Ziffer vertreten sind. Beratende Telefongespräche für Klienten in Krisensituationen oder Menschen, die einen Therapieplatz suchen, können nur abgerechnet werden, wenn die Klienten in dem Quartal nicht persönlich in der Praxis erscheinen.

Die Honorarsätze der privat Versicherten sind ebenfalls in der Gebührenordnung für Psychotherapie (GOP) geregelt. Auch da gibt es einen verbindlichen Leistungskatalog mit entsprechenden Gebühren.

Wenn jemand die Therapie aus eigener Tasche bezahlen möchte oder muss, sollten vorher genaue Absprachen getroffen werden, die am besten auch in einem Vertrag festzuschreiben sind. Unklarheiten über Finanzierung und Rahmenbedingungen können den Therapieprozess erheblich stören, deshalb sind eindeutige und verbindliche Vereinbarungen wichtig.

---- **Was ist zu tun bei Ablehnung der Kostenübernahme?**

Wenn die Krankenkasse die Übernahme der Therapiekosten ablehnt, erfolgt durch die Krankenkasse eine Rechtsbehelfsbelehrung mit der Angabe einer Widerspruchsfrist, die dem beiliegenden Schreiben zu entnehmen ist. Die Krankenkasse schaltet dann auf Wunsch einen Obergutachter ein, der die Sachlage nochmals prüft. Sinnvoll kann es auch sein, eine persönliche Anhörung in dem Gutachtenverfahren zu beantragen. Bei einer nochmaligen Ablehnung steht der kostenfreie Weg zum Sozialgericht frei, wobei die geschätzte Dauer eines solchen Verfahrens bei zwei bis drei Jahren liegt.

---- **Datenschutz und Schweigepflicht**

Grundsätzlich hat jeder das Recht, selbst zu bestimmen, wem er welche Informationen über sich zukommen lässt. Die Weitergabe von personenbezogenen Informationen erfordert die Zustimmung der betroffenen Person. Das betrifft ganz besonders »sensible Daten« wie die psychische Verfassung einer Person. So wird auch der Arbeitgeber von Dritten keine Informationen über den psychischen Zustand eines Arbeitnehmers erhalten, eine Sorge, die viele Klienten kennen und deshalb zuweilen das offizielle Antragsverfahren bei den Krankenkassen meiden und ihre Therapie lieber selbst zahlen. Abgesehen davon, dass es gesetzeswidrig ist, einen Mitarbeiter wegen einer psychischen Krankheit gleich zu entlassen, die Krankenkassen und privaten Versicherungsträger sind zum Schutz der persönlichen Daten ihrer Versicherungsnehmer gesetzlich verpflichtet, auch ihre Mitarbeiter unterliegen der Schweigepflicht. Beim Antragsverfahren gibt es klar geregelte Abläufe. Auch die Anonymität der Versicherten den Gutachtern gegenüber bei einem Antragsverfahren ist gesichert, wenn mit den Daten von Seiten aller Beteiligten sorgfältig umgegangen wird.

Im Beihilfeverfahren bestehen zurzeit noch deutliche Datenschutzlücken. Wenn z. B. die erwachsene Tochter oder die Ehefrau eines beihilfeberechtigten Beamten einen Antrag auf Psychotherapie stellt, dann muss der Vater bzw. Ehemann den Antrag unterschreiben. Auch alle Benachrichtigungen sind nicht an die in Therapie befindliche Person gerichtet, sondern an den Beihilfeberechtigten. Manche Kinder oder Ehefrauen wollen aber nicht, dass der Vater bzw. Ehemann erfährt, dass sie eine Psychotherapie machen. Gelegentlich wird sogar die Zustimmung verweigert. Die Angehörigen werden unter solchen Bedingungen wie nicht geschäftsfähige Kinder behandelt. Ihr Recht auf Schutz ihrer persönlichen Daten, auch den Angehörigen gegenüber, wird nicht gewahrt.

Zudem wird im Beihilfeverfahren schon im Antragsformblatt eine routinemäßige Schweigepflichtentbindung verlangt. Wer einen Antrag auf Psychotherapie stellt, muss dieses Formblatt unterschreiben und hat keine Wahl, ob die beteiligten Fachleute von der Schweigepflicht entbunden werden oder nicht. Auch beim Gutachtenbericht werden die Daten nicht anonymisiert.

Die Sachbearbeiter unterliegen zwar der Schweigepflicht, können aber Einblick nehmen in die persönlichen Informationen und Daten. Gerade bei Lehrern geht es bei der Frage der Verbeamtung immer wieder um die Überprüfung der Gesundheit. Es ist nicht auszuschließen, dass Informationen an den Arbeitgeber gelangen und sich negativ für die berufliche Weiterentwicklung des Klienten auswirken.

Grundsätzlich gilt jedoch auch bei der Beihilfe, dass alle Daten, die sich auf die Gesundheit einer Person beziehen, streng unter Verschluss gehalten werden müssen. Es ist wichtig, mit der Therapeutin oder dem Therapeuten über die Abläufe und die eigenen Unsicherheiten zu sprechen. Es ist zuweilen durchaus möglich, eine besondere Regelung mit den jeweiligen Sachbearbeitern bei der Beihilfe zu finden, um die Geheimhaltung des Therapiewunsches den Angehörigen gegenüber zu sichern. Oft kann ein Gespräch mit den zuständigen Stellen die persönliche Sicherheit geben, die von Seiten der Organisation nicht hundertprozentig gewährleistet ist.

Die Schweigepflicht gilt explizit auch für den Austausch der Fachleute untereinander. Zwar sind Therapeuten verpflichtet, quartalsweise sowie zu Beginn und nach Beendigung einer Psychotherapie einen kurzen Bericht an den Hausarzt zu schicken, wie mit dieser Berichtspflicht umgegangen wird, ist jedoch im Einzelfall zu klären. Klienten müssen über diese Berichtspflicht informiert werden und können durchaus diese Genehmigung zur Information des Hausarztes verweigern. Das sollte dann schriftlich dokumentiert werden.

Eine Schweigepflichtentbindung ist auch bei fachlicher Rückkoppelung durch andere Therapeuten notwendig, obwohl die Kollegen ebenfalls unter Schweigepflicht stehen. Ein Gespräch über die Klientin kann nützlich sein für die Therapie. Verantwortungsbewusste Therapeuten sprechen mit einem Kollegen oder in einer Supervisionsgruppe über Probleme und Fragen, die im Zusammenhang mit einer Therapie auftreten können, um Ratschläge und Tipps für hilfreiche Vorgehensweisen einzuholen. Diese Gespräche dienen also der Verbesserung und Qualitätssicherung in der Psychotherapie, sind im Interesse der Klienten und finden immer ohne Nennung von Namen statt. Gleichwohl haben Klienten das Recht, die Zustimmung zu konsiliarischen Gesprächen zu verweigern; stimmen sie zu, sollten sie vorher und nachher über diese Gespräche informiert werden.

Die Schweigepflicht gilt auch gegenüber Angehörigen. Viele Angehörige stehen genauso unter Leidensdruck wie die Klienten. Eigentlich brauchen auch sie Unterstützung und Beratung, die kann aber nur mit Zustimmung der Klienten stattfinden. Ein offenes Gespräch zu dritt ist oft eine gute Lösung. Klar muss allerdings sein, dass die Therapeutin ihren Klienten verpflichtet ist und nicht den Angehörigen. Wenn Angehörige das Gefühl haben, selbst Hilfe zu brauchen, sollten sie sich selbst Hilfe suchen.

Die Schweigepflicht endet nicht mit dem Tod des Klienten, sondern gilt auch darüber hinaus. Grundsätzlich müssen »Patientenakten« gesichert und verschlossen aufbewahrt werden. Die Aufbewahrungspflicht erstreckt sich über zehn Jahre. Erst danach dürfen die Akten »geschreddert« werden. Auch bei der Entsorgung muss die Sicherheit der Daten garantiert sein.

Adressen

Bundesrepublik

Suche nach einem Therapieplatz

Die jeweiligen Geschäftsstellen der Krankenkassen vor Ort verfügen über Adressenlisten und erteilen in der Regel bei Nachfragen entsprechende Auskünfte.

Der Psychotherapie-Informations-Dienst (PID), eine Einrichtung des Berufsverbandes Deutscher Psychologinnen und Psychologen, hilft bei der Suche nach niedergelassenen Therapeutinnen und Therapeuten. Adresse: Am Köllnischen Park 2, 10179 Berlin. Das Beratungstelefon, 030-2 09 16 63 30, ist Mo., Di., Do. und Fr. 9–12 Uhr sowie Mo. und Do. 13–16 Uhr besetzt. Homepage: www.psychotherapiesuche.de, E-Mail: pid@dpa-bdp.de

Bei den Kassenärztlichen Vereinigungen Ihres Bundeslandes erhalten Sie die Telefonnummern der jeweiligen Bezirksstellen für Ihre Region. Dort bekommen Sie Auskunft über niedergelassene Therapeuten.
Auf die Internetseiten der Landesstellen kommt man über die Webadresse der Kassenärztlichen Bundesvereinigung: www.kbv.de, dort gibt es auf der Startseite auch einen Link zur Arzt- und Psychotherapeutensuche.

Wer sich für eine bestimmte Therapierichtung entschieden hat, kann sich an die jeweiligen Fachverbände wenden. Sie bieten nicht nur telefonisch Hilfe bei der Suche entsprechend ausgebildeter Therapeuten, sondern auch über das Internet.

Deutsche Gesellschaft für Psychoanalyse, Psychotherapie, Psychosomatik und Tiefenpsychologie e. V. (DGPT), Johannesbollwerk 20, 20459 Hamburg, Tel. 040-3 19 26 19, E-Mail: psa@dgpt.de, Homepage: www.dgpt.de

Deutsche Gesellschaft für Psychosomatische Medizin und Psychotherapie e. V. (DGPM), Jägerstr. 51, 10117 Berlin, Tel. 030-20 64 82 43, E-Mail: info@dgpm.de, Homepage: www.dgpm.de

Deutsche Gesellschaft für Systemische Therapie und Familientherapie e. V. (DGSF), Christophstraße 31, 50670 Köln, Tel. 0221-61 31 33, E-Mail: info@dgsf.org, Homepage: www.dgsf.org

Deutsche Gesellschaft für Verhaltenstherapie e. V. (DGVT), Neckarhalde 55, 72070 Tübingen, Tel. 07071-9 43 40, E-Mail: dgvt@dgvt.de, Homepage: www.dgvt.de

Deutsche Vereinigung für Gestalttherapie e. V. (DVG), Geschäftsstelle, Grünbergerstraße 14, 10245 Berlin, Tel. 030-74 07 82 84, E-Mail: info@dvg-gestalt.de, Homepage: www.dvg-gestalt.de

Gesellschaft für wissenschaftliche Gesprächspsychotherapie e.V. (GWG), Melatengürtel 125a, 50825 Köln, Tel. 0221-9 25 90 80, E-Mail: gwg@gwg-ev.org, Homepage: www.gwg-ev.org

Patientenbeschwerdestellen

Wenn Sie sich über Unzumutbarkeiten in der Therapie beschweren wollen, dann können Sie sich an die Bundesärztekammer oder an die Psychotherapeutenkammer wenden. Dort erhalten Sie die Kontaktadresse für die in Ihrer Region zuständige Schlichtungsstelle der Landesärztekammern, bzw. Landespsychotherapeutenkammer.

Berufsverband Deutscher Psychologinnen und Psychologen e. V.,
Am Köllnischen Park 2, 10179 Berlin, Tel. 030-209 166600,
E-Mail: info@bdp-verband.de,
Homepage: www.bdp-verband.de

Bundesärztekammer, Herbert-Lewin-Platz 1, 10623 Berlin,
Tel. 030-4 00 45 60, E-Mail: info@bundesaerztekammer.de,
Homepage: www.bundesaerztekammer.de

Bundespsychotherapeutenkammer, Klosterstr. 64, 10179 Berlin,
Tel. 030-27 87 85-0, E-Mail: info@bptk.de,
Homepage: www.bptk.de

Selbsthilfe

Die nachfolgende Stelle vermittelt den Kontakt zu den verschiedensten Selbsthilfegruppen in Deutschland und bietet Unterstützung bei Neugründungen:

Nationale Kontakt- und Informationsstelle zur Anregung und Unterstützung von Selbsthilfegruppen (NAKOS),
Wilmersdorfer Straße 39, 10627 Berlin, Tel: 030-31 01 89 60,
Sprechzeiten: Di., 9.00–13.00 Uhr, Mi. 10.00–13.00 Uhr,
Do. 13.00–17.00 Uhr, Fr. 10.00–13.00 Uhr
E-Mail: selbsthilfe@nakos.de, Homepage: www.nakos.de

Bundesverband der Angehörigen psychisch Kranker (BApK),
Oppelner Straße 130, 53119 Bonn, Tel: 0228-96 39 92 28,
E-Mail: beratung.bapk@psychiatrie.de,
Homepage: www.psychiatrie.de/familienselbsthilfe

Alkoholmissbrauch

Anonyme Alkoholiker, Interessengemeinschaft e.V., Gemeinsames Dienstbüro, Waldweg 6,
84177 Gottfrieding-Unterweilnbach, Tel. 08731-3 25 73-0,
E-Mail: aa-kontakt@anonyme-alkoholiker.de,
Homepage: www.anonyme-alkoholiker.de

Blaues Kreuz der Ev. Kirche e.V., Bundesverband,
Freiligrathstraße 27, 42289 Wuppertal, Tel. 0202-62003-0,
E-Mail: bke@blaues-kreuz.org,
Homepage: www.blaues-kreuz.de

Deutscher Guttempler-Orden (I.O.G.T.), Adenauerallee 45,
20097 Hamburg, Tel. 040-24 58 80,
E-Mail: info@guttempler.de, Homepage: www.guttempler.de

Freundeskreise für Suchtkrankenhilfe, Bundesverband e.V.,
Untere Königsstraße 86, 34117 Kassel, Tel. 0561-78 04 13,
E-Mail: mail@freundeskreise-sucht.de,
Homepage: www.freundeskreise-sucht.de

Kreuzbund e.V., Bundesgeschäftsstelle, Münsterstr. 25
59065 Hamm, Tel. 02381-6 72 72-0,
E-Mail: info@kreuzbund.de, Homepage: www.kreuzbund.de

Ängste, Phobien und Panik

Deutsche Angst-Selbsthilfe (DASH), Bayerstraße 77a Rgb.,
80335 München, Tel. 089-51 55 53 15, Internetforum mit Link zur Online-Beratung: www.panik-attacken.de

Borderline
Anonyme Borderline-Interessengemeinschaft (BA),
Postfach 10 01 40, 50441 Köln (Rückporto beilegen),
Homepage: www.borderliners-anonymous.de

Depression
Deutsches Bündnis gegen Depression e.V., Klinik für Psychiatrie
Universität Leipzig, Semmelweisstraße 10, 04103 Leipzig,
Tel. 0341-97 24 585, E-Mail: info@buendnis-depression.de,
Homepage: www.buendnis-depression.de
Kontaktforum für Angehörige und Betroffene:
http://www.kompetenznetz-depression.de/agora/index.php?site=kndepression

Essstörungen
Frankfurter Zentrum für Essstörungen, Hansaallee 18,
60322 Frankfurt am Main, Tel. 069-55 01 76,
Homepage: www.essstoerungen-frankfurt.de mit Links und
Adressen anderer Organisationen zum Thema Essstörungen,
auch von Selbsthilfegruppen

Flucht- und Foltererfahrungen
Refugio, Zentrum für Behandlung, Beratung und Psychotherapie von Folter-, Flucht- und Gewaltopfern in Schleswig-Holstein e. V.
Schaßstraße 5, 24103 Kiel, Tel. 0431-530 25 30-0,
E-Mail: info@refugio.de Homepage: refugio.de.
Refugio, Behandlungszentrum für Flüchtlinge und Folteropfer,
Mariahilfplatz 10, 81541 München. Tel. 089-982 95 70,
E-Mail: info@refugio-muenchen.de,
Homepage: http://www.refugio-muenchen.de

Refugio Thüringen, Psychosoziales Zentrum für Flüchtlinge,
Wagnergasse 25, 07743 Jena, Tel. 03641-22 62 81, E-Mail:
refugio-thr@web.de, Homepage: www.refugio-thueringen.de

Manie und Depression
Deutsche Gesellschaft für Bipolare Störungen (DGBS. ev.)
Postfach 902302, 21057 Hamburg, Tel. 040-85 40 88 83,
Di. und Do., 14.00–18.00 Uhr, E-Mail: info@dgbs.de,
Homepage: www.dgbs.de
Selbsthilfeforum: www.bipolar-forum.de

Psychoseerfahrungen
Im Bundesverband der Psychiatrie-Erfahrenen sind viele Psychose-
erfahrene organisiert, Wittener Straße 87, 44789 Bochum,
Telefon Kontakt bei der Suche nach Selbsthilfegruppen:
0234-68 70 55 52, Psychopharmakaberatung unter
Tel. 0234-640 51 02, E-Mail: kontakt-info@bpe-online.de,
Homepage: http://www.bpe-online.de

Kompetenznetzwerk Schizophrenie
Klinik und Poliklinik für Psychiatrie und Psychotherapie der
Heinrich-Heine Universität, Rheinische Kliniken Düsseldorf,
Bergische Landstr. 2, 40629 Düsseldorf, Tel. 0211-922-27 70,
E-Mail: info@kompetenznetz-schizophrenie.de,
Homepage: www.kompetenznetz-schizophrenie.de

Trauma
Deutsches Institut für Psychotraumatologie,
Springen 26, 53804 Much, Tel. 02245-9 19 40,
E-Mail: info@psychotramatologie,
Homepage: www.psychotraumatologie.de

EMDR-Institut Deutschland, Dr. Arne Hofmann,
Dolmanstr. 86 b, 51427 Bergisch Gladbach, Tel.: 02204-258 66,
E-Mail: info@emdr-institut.de

Zwangserkrankungen

Deutsche Gesellschaft Zwangserkrankungen e. V. (DGZ),
PF 70 23 34, 22023 Hamburg, Tel. 040-689 13 700,
Telefonische Hinweise auf qualifizierte Therapeuten,
Vermittlung von Selbsthilfegruppen während der Bürozeiten:
Mo.–Fr. 10–12,
E-Mail: zwang@t-online.de,
Homepage: http://www.zwaenge.de
Internetforum: www.zwangserkrankungen.de

Hinweise für Migranten

Psychotherapie hat als zentrales »Werkzeug« die Sprache. Am besten ist es deshalb, muttersprachliche Therapeuten aufzusuchen. Über den Berufsverband Deutscher Psychologinnen und Psychologen sind Informationen über niedergelassene Psychotherapeuten mit Fremdsprachenkenntnissen zu erhalten. Gelegentlich wird auch mit Übersetzern gearbeitet, allerdings gibt es viel zu wenige professionelle Dolmetscher, die psychologisch und medizinisch geschult sind. Außerdem ist die Rechtsgrundlage für die Finanzierung in der ambulanten Therapie unzureichend, d. h., es kann sein, dass die Klientin selbst die Dolmetscherin bezahlen muss. Als pragmatischer und oft einziger Weg bleibt dann nur noch die Möglichkeit, dass die Klientin eine Person ihres Vertrauens in die Therapie mitbringt, die hilft, die Sprachbarriere zu überwinden. Dies kann jedoch zu neuen Problemen führen, wenn Kinder eingebunden werden, besser sind in diesem Fall Freunde oder Bekannte.

Unabhängig davon, wie das Sprachproblem gelöst wird, verändert sich durch eine solche Konstellation die therapeutische Arbeit. Auch wenn noch so gut übersetzt wird, spielt die Wahrnehmung und Interpretation einer dritten Person eine Rolle. Die Informationen über das Zusammenspiel von Mimik, Gestik und Sprache laufen zeitlich etwas verschoben ab, Kontakt und die Beziehung werden dadurch beeinflusst. Das Vertrauensverhältnis in der Therapie erstreckt sich auf drei Personen, was eine zusätzliche Herausforderung darstellt.

Auch wenn Therapeutin und Klientin in der gleichen Sprache miteinander sprechen, unterscheiden sich Werte, Normen und das Kommunikationsverhalten aufgrund des unterschiedlichen kulturellen Hintergrunds. Diese Annäherung im therapeutischen Prozess braucht in jedem Fall viel Zeit. Methoden, die an den Lösungsressourcen der Klientin ansetzen, sind dabei hilfreich. Bei Traumatisierungen kann z. B. auch mit EMDR gearbeitet werden, einem Verfahren, das mit bilateralen Hirnstimulationen arbeitet. Dabei spielt die Sprache keine so große Rolle, auch wenn Vor- und Nachbereitung in Form von Gesprächen notwendig ist. Trotz der sprachlichen Barrieren kann auch eine nicht muttersprachliche Therapie hilfreich sein. Die Hauptwirkfaktoren von Therapie wie sich ernst genommen fühlen, Raum für emotionalen Ausdruck finden, nicht mehr mit seinem Leid alleine sein, Zuwendung und Aufmerksamkeit bekommen, wirken auf jeden Fall.

In Hannover gibt es das Ethno-Medizinische Zentrum und in München das Bayrische Zentrum für transkulturelle Medizin. Beide bieten einen Dolmetscherdienst an, der über 50 Sprachen abdeckt. Für die jeweilige regionale Versorgung stehen diese zur Verfügung. In anderen Städten geben Beratungsstellen, Ausländerbeiräte und Kulturzentren im günstigsten Fall Auskünfte und Unterstützung bei der Suche nach einem Therapieplatz. Insgesamt lässt die Versorgung mit ambulanter Psychotherapie für Menschen ausländischer Herkunft jedoch zu wünschen übrig.

Die Therapie mit Dolmetschern muss fachgerecht durchgeführt werden. Selbst dann ist es ein mühevoller Weg, der von allen Beteiligten viel Geduld verlangt. Eine analytische Therapie ist unter diesen Bedingungen unmöglich.

Wenn die Sprachkenntnisse der Hilfe suchenden Person oder der Therapeutin für eine tiefer gehende Kommunikation ausreichen, dann kommt es auch auf die Motivation und das Engagement der Therapeuten an, ob es zu einem Arbeitsbündnis kommt. Ohne ein gewisses Einfühlungsvermögen und eine grundsätzliche Offenheit für die kulturellen Hintergründe und Werte der Klienten wird es zu keiner echten Verständigung kommen. Die Klienten sind in dieser Situation mehr denn je als Experten ihrer Erfahrungs- und Lebenswelt zu sehen.

Ethno-Medizinisches Zentrum, Königstraße 6, 30175 Hannover, Tel. 0511-16 84 10 20, E-Mail: ethno@onlinehome.de, Homepage: www.ethno-medizinisches-zentrum.de

Bayrisches Zentrum für transkulturelle Medizin e.V., Sandstraße 41 Rgb., 80335 München, Tel. 089-54 29 06 65, E-Mail: info@bayzent.de, Homepage: www.bayzent.de

---- **Österreich**

Der Österreichische Bundesverband für Psychotherapie (ÖBVP) hilft bei der Psychotherapeutensuche,
Löwengasse 3/5/Top 6, 1030 Wien, Tel. 01-512 70 90,
E-Mail: oebvp@psychotherapie.at,
Homepage: www.psychotherapie.at.
Die Therapeutensuche ist auch über das Internet möglich. Spezielle Anliegen, wie eine für Rollstuhlfahrer zugängliche Praxis, sind abfragbar.

Der Berufsverband Österreichischer Psychologinnen und Psychologen,
Möllwaldplatz 4/4/39, 1040 Wien, Tel. 01-407 26 71-0,
E-Mail: boep@boep.or.at, Homepage: www.boep.or.at
unterhält ein Beratungstelefon, genannt Helpline: 01-407 9192, und eine Internetseite, die Hinweise zur Therapeutensuche bereithält: www.psychnet.at.

Wer sich für eine bestimmte Therapierichtung entschieden hat, kann sich an die jeweiligen Fachverbände wenden. Sie bieten nicht nur telefonisch Hilfe bei der Suche entsprechend ausgebildeter Therapeuten, sondern auch über das Internet:

Österreichische Gesellschaft für Verhaltenstherapie, Kolingasse 11, 2. Stock, Tür 9, 1090 Wien, Tel. 01-319 70 22,
E-Mail: office@oegvt.at, Homepage: www.oegvt.at

Wiener Arbeitskreis für Psychoanalyse,
Salzgries 16/3a, 1010 Wien, Tel. 01-319 35 66,
E-Mail: office@psychoanalyse.org,
Homepage: www.psychoanalyse.org

Österreichischer Arbeitskreis für Gruppentherapie und Gruppendynamik (ÖAGG), Lenaugasse 3, 1080 Wien, Tel. 01-405 39 93,
E-Mail: generalsekretariat@oeagg.at, Homepage: www.oeagg.at
Österreichische Gesellschaft für Psychiatrie und Psychotherapie (ÖGPP), Baumgartner Höhe1, 1145 Wien, Tel. 01-91 06 01 13 11,
E-Mail: info@oegpp.at, Homepage: www.oegpp.at

Bei SIGIS erhalten Sie österreichweite Informationen über Selbsthilfegruppen und Selbsthilfeunterstützung durch Dachverbände und Kontaktstellen. Im Internet gibt es eine Datenbank für die Suche nach Selbsthilfegruppen in Österreich: www.fgoe.org/aktivitaeten/selbsthilfe/sigis-datenbank
SIGIS gehört zum Fonds »Gesundes Österreich«, Aspernbrückengasse 2, 1020 Wien, Tel. 01-895 04 00,
E-Mail: ingo@fgoe.org, Homepage: www.fgoe.org

---- **Schweiz**

Bei der Psychotherapieplatzvermittlung hilft der **Schweizerische Psychotherapeutenverband (SPV),** Riedtlistraße 8, 8006 Zürich,
Telefon Therapieplatzvermittlung: 043-2 68 93 75,
E-Mail: spv@psychotherapie.ch,
Homepage: www.psychotherapie.ch
Informationen über Krankenkassenleistungen und auch Hilfestellung bei der Psychotherapeutensuche gibt ebenfalls die **Föderation der Schweizer Psychologinnen und Psychologen (FSP),** Choisystraße 11, 3000 Bern 14, Tel. 031-3 88 88 00,
E-Mail: fsp@psychologie.ch. Homepage: www.psychologie.ch mit Suchfunktion zur Vermittlung von Therapeutinnen und Therapeuten

Wer sich für eine bestimmte Therapierichtung entschieden hat, kann sich an die jeweiligen Fachverbände wenden. Sie bieten nicht nur telefonisch Hilfe bei der Suche entsprechend ausgebildeter Therapeuten, sondern auch über das Internet:

Schweizerische Gesellschaft für Verhaltens- und kognitive Therapie, Worblaufenstr. 163, Postfach 30, 3048 Worblaufen, Tel. 031-311 12 12, E-Mail: info@sgvt-sstcc.ch, Homepage: www.sgvt-sstcc.ch

Schweizerische Gesellschaft für Psychoanalyse (SGPsa), Zentralsekretariat, Madame Elke DAVID, case postale 211, Chêne-Bougeries, Switzerland; Tel. 022-349 94 08, E-Mail: sekretariat@ psychoanalyse.ch, Homepage: www.psychoanalyse.ch

Schweizerische Gesellschaft für Psychiatrie und Psychotherapie, Postgasse 17, 3000 Bern, Tel. 031-3 13 88 33, E-Mail: sgp@psychiatrie.ch, Homepage: www.psychiatrie.ch

Die Koordination und Förderung von Selbsthilfegruppen in der Schweiz übernimmt die **Stiftung Kosch**, Laufenstraße 12, 4053 Basel, Zentraler Auskunftsdienst: Tel. 0848-81 08 14, E-Mail: gs@kosch.ch, www.kosch.ch

Weiterhelfen kann in vielen Fällen auch die **Schweizerische Stiftung Pro Mente Sana**, Hardturmstraße 261, 8031 Zürich, Tel. 044-5 63 86 00, E-Mail: kontakt@promentesana.ch, Homepage: www.promentesana.ch
Telefonische Beratung bei psychischer Krise, Erkrankung oder Behinderung, bei sozialen, therapeutischen und rechtlichen Fragen kostenlos und auf Wunsch anonym Mo., Di., Do. 9–12 Uhr sowie Do. 14–17 Uhr über Tel. 0848-80 08 58; Beratung per E-Mail ist nicht möglich.

Literatur zum Weiterlesen

Diagnosen

DILLING, Horst u. a.: Internationale Klassifikation psychischer Störungen. ICD-10 Kapitel V (F). Klinisch-diagnostische Leitlinien. Bern 2008.
ENDERS, Ursula: Zart war ich, bitter war's. Handbuch gegen sexuellen Missbrauch. Köln 2003.
FRANKE, Alexa, u. KÄMMERER, Annette: Klinische Psychologie der Frau. Göttingen 2001.
FRANZ, Matthias u. a.: Seelische Gesundheit und neurotisches Elend. Der Langzeitverlauf in der Bevölkerung. Wien 2000.
FRICKE, Susanne u. HAND, Iver: Zwangsstörungen verstehen und bewältigen. Hilfe zur Selbsthilfe. Bonn 2008.
GERLINGHOFF, Monika u. a.: Magersucht und Bulimie. Weinheim 2007.
JACOBI, Corinna u. PAUL, Thomas. Essstörungen. Göttingen 2004.
JACOBI, Frank; KLOSE, M.; WITTCHEN, Hans-Ulrich: Psychische Störungen in der deutschen Allgemeinbevölkerung: Inanspruchnahme von Gesundheitsleistungen und Ausfalltage. In: Bundesgesundheitsblatt, 8, 2004.
KNUF, Andreas u. GARTELMANN, Anke (Hg.): Bevor die Stimmen wiederkommen. Vorsorge und Selbsthilfe bei psychotischen Krisen. Bonn 2009.
KNUF, Andreas u. TILLY, Christiane: Borderline: Das Selbsthilfebuch. Bonn 2009.
KOCKOTT, Götz: Sexualität des Menschen. München 1995.

Lindenmeyer, Johannes: Lieber schlau als blau. Entstehung und Behandlung von Alkohol- und Medikamentenabhängigkeit. Weinheim 2005.

Rahn, Ewald: Borderline. Ein Ratgeber für Betroffene und Angehörige. Bonn 2008.

Rief, Winfried u. Hiller, Wolfgang: Somatisierungsstörungen und Hypochondrie. Göttingen 1998.

Boos, Anne: Traumatische Ereignisse bewältigen. Hilfen für Verhaltenstherapeuten und ihre Patienten. Göttingen 2007.

Strian, Friedrich: Angst und Angstkrankheiten. München 2003.

Wilms, Bettina, u. Wilms, Hans-Ulrich: Meine Angst – eine Krankheit? Bonn 2008.

Wolfersdorf, Manfred: Krankheit Depression erkennen, verstehen, behandeln. Bonn 2008.

---- Erfahrungsberichte

Goris, Eva: Und die Seele wird nie satt. München 2001.

Knuf, Andreas (Hg): Leben auf der Grenze. Erfahrungen mit Borderline. Bonn 2009.

Knuf, Andreas (Hg.): Gesundung ist möglich. Borderline-Betroffene berichten. Bonn 2008

Leps, Felix: Zange am Hirn. Geschichte einer Zwangserkrankung. Bonn 2007.

Lorenz, Charlotte: Der letzte Vogelkrieg. Traum oder Trauma? Bonn 2008.

S., Lena: Auf Stelzen gehen. Geschichte einer Magersucht. Bonn 2007.

Rachut, Ellen: Durch dichte Dornen. Geschichte einer Therapie nach sexueller Gewalt. Münster 2006.

Therapieverfahren

Bäuml, Josef: Was kann Psychotherapie? In: Bundesverband der Angehörigen psychisch Kranker e. V. (Hg.): Mit psychisch Kranken leben. Rat und Hilfe für Angehörige. Bonn 2008.

Becker-Fischer, Monika, u. Fischer, Gottfried.: Sexuelle Übergriffe in Psychotherapie und Psychiatrie. Tübingen 2008.

Berg, Insoo Kim: Familien-Zusammenhalt(en). Dortmund 2006.

Bilden, Helga (Hg): Das Frauentherapie Handbuch. München 2002.

Goldner, Colin: Die Psycho-Szene. Aschaffenburg 2000.

Grawe, Klaus, Donati, Ruth u. Bernauer, Friederike: Psychotherapie im Wandel. Göttingen 2001.

Kraiker, Christoph u. Burkhard, Peter (Hg.): Psychotherapieführer. München 1998.

Klussmann, Rudolf: Psychotherapie. Psychoanalytische Entwicklungspsychologie. Berlin 2000.

Kriz, Jürgen: Grundkonzepte der Psychotherapie. Weinheim 2007.

Reimer, Christian; Eckert, Jochen; Hautzinger, Martin; Wilke, Eberhard: Psychotherapie. Springer 2008

Schemmel, Heike: Sex und Gender in der Krise!? Zur Rolle des Geschlechts bei der sozialen Konstruktion von Krisenbewältigung. München 2002.

Schemmel, Heike u. Schaller, Johannes (Hg.): Ressourcen. Tübingen.2003.

Senf, Wolfgang u. Broda, Michael (Hg.): Praxis der Psychotherapie. Stuttgart 2000.

Süfke, Björn: Männerseelen. Düsseldorf. 2008.

Wirsching, Michael: Psychotherapie. Grundlagen und Methoden. München 2008.

Umgang mit Psychopharmaka
Ein Patienten-Ratgeber
Nils Greve, Margret Osterfeld,
Barbara Diekmann
BALANCE ratgeber
ISBN 978-3-86739-002-6
240 Seiten, 14,90 Euro / 26,80 sFr

Niemand nimmt gern Medikamente, doch bei psychischen Erkrankungen sind sie in vielen Fällen unverzichtbarer Bestandteil der heute möglichen Hilfen. Medikamente sind jedoch keine Allheilmittel, sie entfalten ihre Wirkung erst zusammen mit anderen Therapieverfahren, so die Meinung des Autorenteams.

In ihrem Ratgeber stellen sie alle derzeit auf dem deutschen Markt befindlichen Psychopharmaka mit den Wirkungen und Nebenwirkungen vor. Sie geben praktische und konkrete Tipps u. a. für das Verhalten bei Schlafstörungen, die Einnahme von Bedarfsmedikation oder das Reduzieren und Absetzen von Medikamenten. Die Patienten werden ermutigt, ihre Wunsche und Ziele in das Gespräch mit dem Arzt einzubringen und mit ihm gemeinsam zu »verhandeln«, welche Behandlung der beste Weg ist.

Die Stiftung Gesundheit zertifizierte das Buch »als einen sehr informativen, leicht verständlichen und optimal aufgeteilten Ratgeber. Es ist den Autoren gelungen, ein Werk zusammenzustellen, welches einer unkritischen Ablehnung von Psychopharmaka durch Patienten vorbeugt, aber auch vor den Gefahren einer unkritischen Einnahme warnt.«

BALANCE buch + medien verlag
Internet: www.balance-verlag.de • E-Mail: info@balance-verlag.de